幼儿园英语课程设计与实施

●主编　苏薏

吉林大学出版社
·长春·

图书在版编目（CIP）数据

幼儿园英语课程设计与实施 / 苏薏主编 . —长春：吉林大学出版社，2020.8

ISBN 978-7-5692-6968-0

Ⅰ . ①幼… Ⅱ . ①苏… Ⅲ . ①英语课－课程设计－学前教育 Ⅳ . ① G613.2

中国版本图书馆 CIP 数据核字 (2020) 第 168259 号

书　　名　幼儿园英语课程设计与实施
YOU' ERYUAN YINGYU KECHENG SHEJI YU SHISHI

作　　者　苏　薏　主编
策划编辑　李承章
责任编辑　安　斌
责任校对　田茂生
装帧设计　云思博雅

出版发行　吉林大学出版社
社　　址　长春市人民大街 4059 号
邮政编码　130021
发行电话　0431-89580028/29/21
网　　址　http://www.jlup.com.cn
电子邮箱　jdcbs@jlu.edu.cn
印　　刷　北京虎彩文化传播有限公司
开　　本　787 mm × 1092 mm　1/16
印　　张　8
字　　数　138 千字
版　　次　2020 年 8 月第 1 版
印　　次　2020 年 8 月第 1 次
书　　号　ISBN 978-7-5692-6968-0
定　　价　38.00 元

前言

PREFACE

现代学徒制作为西方发达国家现代职业教育的主导模式之一，十年前被我国学者引入中国，五年前开始全国范围的试点工作。近年来在各地积极探索、勇于实践，职业教育的人才培养质量明显提高，成效显著。中等职业教育作为我国职业教育的重要组成部分，开启了现代学徒制的校企融合“双元育人”模式，对传统教学进行了一系列改革。中等职业教育学前教育专业的现代学徒制实践需要面对传统教材不能满足企业岗位要求和学生到岗见习的技能需求矛盾，亟需开发符合岗位技能要求和企业、学生都比较满意的新型现代学徒制教材。学前教育专业的《幼儿园英语课程设计与实施》课程就是基于现代学徒制的背景和教学思路进行编写的。

本课程从现代学徒制的校企融合以及幼儿的认知和身心发展规律的角度来考虑目标设定、内容编排和结构组织，力求能成为学生在幼儿园见、实习时可以按教材中的教学步骤进行实际教学，在实际教学中可以随时翻阅、查找的一本工具书。此外，幼儿英语在幼儿园中作为一门启蒙性课程，应突出反映课程的趣味性。学生通过本课程的学习，掌握应利用游戏、儿歌、歌谣等教学手段寓教于乐、润物无声地教授语言知识和文化知识。其次，幼儿英语的教学内容要来自幼儿的日常生活。学生通过本课程的学习，掌握通过幼儿日常生活内容来进行英语教学的技能。最后，在当前的幼儿园大多规划了每个学期教育主题的情况下，学生通过本课程学习要掌握主题教育的方式方法，把幼儿英语教学的小主题主动融入幼儿园的大主题当中去。通过这样的课程训练，基本达到胜任幼儿园英语教师岗位的技能要求。

本教材共九个主题，每个主题都包含了主题背景、主题目标、主要教学内容、环境创设、活动举例、家园共育、训练、实战演练、拓展阅读等几部分。另外，根据幼儿园教学实际和幼儿英语教学的需要，教材后设有三个附录，分别是英语课堂常规用语、教育部3~6岁儿童学习与发展指南（语言领域）、幼儿英语主题常用词汇表，供教师和学生选用。教材按四十课时进行编写，按九个主题进行编排，每个主题四课时，四课时用于综合教学实践。

本教材作为广西首批现代学徒制试点和广西教育科学“十三五”规划2019年度资助经费重点课题（A）《现代学徒制框架下的中职学前教育专业的成本收益研究》的研究成果，由苏薏主编，教材编写得到了学校领导的关心和鼓励及当地幼儿园和广西师范大学有关专家的指导，在此向对稿件的审定所付出辛劳的专家和同行表示感谢！还要特别感谢吉林大学出版社为教材出版所做的辛勤工作！

2020年4月

目录

CONTENTS

主题 一

社交礼貌用语·Manner

一、主题背景

我国自古就是礼仪之邦，对儿童的礼仪养成素来十分重视。随着中国与世界的交流越来越广泛，儿童不仅仅要学习传统礼仪，国际礼仪也被纳入了儿童礼仪的学习范畴。国际礼仪启蒙教育已经成为幼儿园教育的重要组成部分。幼儿在幼儿园进行英语语言学习的时候，正是对英语兴趣强烈的时候，这个时候将“please”“thank you”“hi”“good-bye”等礼貌用语潜移默化地教给孩子，既能让孩子养成一些基本的国际礼仪规范，又能让这些英语词汇成为孩子英语基础词汇的一部分。本书针对儿童的好奇心和学习需求，设计了 Manner 主题活动。

二、主题目标

情感目标：喜欢参与语言活动，愿意大胆表达，对学习英语有兴趣。

认知目标：1. 知道要使用礼貌用语，在具体的社交场合采用基本礼仪和英语基本礼貌用语。

2. 通过学习英语礼貌用语扩大视野，对异国文化有初步的感知。

能力目标：幼儿能掌握一定数量礼貌问候的单词、短语和句子，能用英语清晰流畅地表达基本礼貌问候用语和进行人际互动。

三、主题主要教学内容

1. 礼貌用语（如 Thank you. You are welcome.Hello. Good morning!）。

2. 课堂常规用语（如 Stand up, please. Sit down, please.Be quite.）。

四、环境创设

（一）主题墙饰

1. 用配有英文的文明礼貌、课堂常规拼贴画装饰活动室和幼儿日常通道。

2. 根据教学进度，投放白板、投影仪、展板等，逐步和幼儿共同设置反映幼儿文明礼貌、遵守课堂常规的环境，如幼儿关于文明礼貌的绘画作品等。

（二）活动区域环境创设

1. 布置“懂礼貌”活动区，请幼儿和家长共同收集儿童生活、学习中懂礼貌、守常规的照片和图片投放到活动区。

2. 开辟美工区，投放各种涂色用纸、毛笔、彩色铅笔、剪刀，鼓励幼儿以文明礼貌、课堂常规的内容进行绘画创作，并尝试使用英语对其和同伴的绘画作品进行表达。

3. 开辟图书区，提供各种与文明礼貌、课堂常规有关的书籍，供幼儿阅读。

五、活动举例

活动一

（一）活动目标

情感目标：1. 乐意模仿教师的简单英语。
2. 喜欢与他人问候，体会到主动与人打招呼的喜悦和乐趣。

认知目标：1. 理解与人打招呼是一种礼貌。
2. 知道不同时间要用不同的问候语，做不同的事情。
3. 知道要仔细倾听教师的发音才能进行正确的分辨、模仿。

能力目标：1. 在理解内容的前提下，能模仿教师的简单英语。
2. 能在不同的场景使用正确的问候语进行打招呼。
3. 能自然地演唱儿歌 *Good Morning*。

（二）活动内容

活动重点：会根据不同的场景正确使用 good morning/ noon /afternoon / evening，并能说出对应场景应该做的事情。

活动难点：会唱儿歌 *Good Morning*。

（三）活动准备

物资准备：太阳公公头饰、童谣音频 *Good Morning*、白板、教学课件。

（四）活动过程

1. 热身活动：学习儿歌 *Good Morning*。

2. 教师戴着太阳公公的头饰让幼儿知道早上、中午、下午、晚上的划分是因为太阳的不同位置。

3. 教师在白板上贴出太阳在早上、中午、下午、晚上的图片，幼儿根据场景学习 good morning/ noon /afternoon / evening 的用法和对应时间应该要做的事。

4. 教师组织小游戏“看看谁说得快”，教师利用课件播放早上、中午、下午、晚上的场景，幼儿根据时间场景抢答说出对应的问候语。最快回答正确的幼儿获得一枚小红花，并向全班大声说出时间场景、问候语以及应该做的事。

5. 教师与幼儿达成每次上课用 good morning/ afternoon 问候的课堂常规，对整节课幼儿的语言发音和问候语使用的准确性以及应该做的事情进行总结。

附：

Good Morning

Good morning to you!
Good morning to you!
We're all in our places,
With bring shining faces,
Oh, this is the way
to start a great day!
Good morning to you!
Good morning to you!

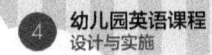

《早上好》

早上好！
早上好！
我们才起床，
小脸光亮亮，
哦，美好的一天
就这样开始了！
早上好！
早上好！

活动二

（一）活动目标

- **情感目标**：喜欢并愿意模仿儿歌 *Hello* 的演唱。
- **认知目标**：了解儿歌 *Hello* 的内容。
- **能力目标**：能通过语言、肢体、表情表现儿歌 *Hello* 的内容。

（二）活动内容

- **活动重点**：儿歌 *Hello* 的内容理解。
- **活动难点**：用肢体表现儿歌的内容。

（三）活动准备

物资准备：儿歌 *Hello* 音频、小动物头饰、笑脸头饰。

（四）活动过程

1. 教师演示儿歌 *Hello*，让幼儿熟悉和喜爱儿歌。
2. 教师大略介绍儿歌的歌词大意。
3. 让幼儿跟唱儿歌，伴随音乐学习肢体动作，进一步熟悉歌曲。
4. 组织幼儿进行 *Hello* 歌曲表演。

附：

Hello

Hello! Hello! Hello!

How are you?

I am fine!

I am fine!

I am fine and thank you!

《你好》

你好！（挥动右手）你好！（挥动左手）你好！（挥动右手）

你怎么样？（保持挥手姿态转身向同伴）

我很好！（竖起右手大拇指）

我很好！（双手放在脸侧，并露出阳光般的微笑）

我很好，谢谢你！（保持微笑，右手伸出拇指，弯曲两下）

六、家园共育

家园共育是幼儿园教育活动中必不可少的组成部分，只有充分调动家长参与教育的积极性，才能发挥教育的最大作用。本主题可以采用以下方式进行家园共育。

1. 发放文明礼貌主题活动调查表，发动家长收集、提供与主题有关的资料。

2. 在“家园园地”开设主题活动专栏，向家长介绍培养幼儿良好文明礼貌行为的知识，与家长建立畅通、亲密联系。

3. 通过家园联系栏，向家长反映幼儿在园情况和在主题活动中的文明礼貌表现情况。

4. 向家长书面反馈信息。家长在主题活动后，及时与幼儿交谈，了解幼儿的情感、思想动态。

七、训练

训练一

请根据活动一的内容，使用下列表格撰写一份教案（略案）。

《　　　　　　　　》教案

基本情况			
授课题目		课程名称	
授课班级		授课类型	
授课时间		授课时长	
授课教师		授课地点	
教材			
教学（活动）目标			
知识目标			
能力目标			
情感目标			
教学（活动）内容及重难点			
教学内容			
教学重点			
教学难点			
教学（活动）准备			
物质准备			
经验准备			

教学（活动）过程		
教学环节	时间分配	教学内容

教学（活动）反思	
本次课的特色	
本次课的亮点	
本次课的不足	

训练二

请根据活动二的内容，使用下列表格撰写一份教案（详案）。

《　　　　　　　　》教案

<table>
<tr><th colspan="4">基本情况</th></tr>
<tr><td>授课题目</td><td></td><td>课程名称</td><td></td></tr>
<tr><td>授课班级</td><td></td><td>授课类型</td><td></td></tr>
<tr><td>授课时间</td><td></td><td>授课时长</td><td></td></tr>
<tr><td>授课教师</td><td></td><td>授课地点</td><td></td></tr>
<tr><td>教材</td><td colspan="3"></td></tr>
<tr><th colspan="4">教学（活动）目标</th></tr>
<tr><td>知识目标</td><td colspan="3"></td></tr>
<tr><td>能力目标</td><td colspan="3"></td></tr>
<tr><td>情感目标</td><td colspan="3"></td></tr>
<tr><th colspan="4">教学内容及重难点</th></tr>
<tr><td>教学内容</td><td colspan="3"></td></tr>
<tr><td>教学重点</td><td colspan="3"></td></tr>
<tr><td>教学难点</td><td colspan="3"></td></tr>
<tr><th colspan="4">教学（活动）准备</th></tr>
<tr><td>物质准备</td><td colspan="3"></td></tr>
<tr><td>经验准备</td><td colspan="3"></td></tr>
</table>

教学过程		
教学环节	时间分配	教学内容

教学反思	
本次课的特色	
本次课的亮点	
本次课的不足	

教学资源库	
视频资源	
微课资源	
电子书库	
图片资源	
学习软件	
网页 / 公众号资源	

八、实战演练

请从主题主要教学内容中选取教学内容，依照训练二中的教案（详案）格式，自行进行教学设计，撰写一份1课时教案，并进行试教。

《　　　　　　　》教案

基本情况			
授课题目		课程名称	
授课班级		授课类型	
授课时间		授课时长	
授课教师		授课地点	
教材			
教学（活动）目标			
知识目标			
能力目标			
情感目标			
教学内容及重难点			
教学内容			
教学重点			
教学难点			
教学（活动）准备			
物质准备			
经验准备			

<table>
<tr><th colspan="3">教学过程</th></tr>
<tr><td>教学环节</td><td>时间
分配</td><td>教学内容</td></tr>
<tr><td></td><td></td><td></td></tr>
<tr><th colspan="3">教学反思</th></tr>
<tr><td colspan="2">本次课的特色</td><td></td></tr>
<tr><td colspan="2">本次课的亮点</td><td></td></tr>
<tr><td colspan="2">本次课的不足</td><td></td></tr>
<tr><th colspan="3">教学资源库</th></tr>
<tr><td>视频资源</td><td colspan="2"></td></tr>
<tr><td>微课资源</td><td colspan="2"></td></tr>
<tr><td>电子书库</td><td colspan="2"></td></tr>
<tr><td>图片资源</td><td colspan="2"></td></tr>
<tr><td>学习软件</td><td colspan="2"></td></tr>
<tr><td>网页 /
公众号资源</td><td colspan="2"></td></tr>
</table>

九、拓展阅读

常见幼儿英语教学法（一）

浸入式教学法（immersion method）

浸入式英语教学是借鉴加拿大法语浸入式教学模式实验的成功经验创造的幼儿英语教学模式，该教学法强调幼儿英语的学习是在一种自然的语言环境或教学中习得。英语浸入式（english immersion）教学是指用英语作为教学语言的教学与课程模式，即幼儿在幼儿园的全部或一半时间内“浸泡”在自然的英语环境中，教师面对幼儿只使用英语进行幼儿园的日常生活交流，而且部分活动也要用英语来引导幼儿，使英语不仅贯穿着幼儿的教育活动和生活活动，而且是幼儿学习交流的工具。

主题 二

颜色·Colors

一、主题背景

五彩缤纷的世界是由各种各样的颜色构成的，颜色是孩子们生活的一部分，被他们所广泛熟悉。而他们熟悉的各种事物也都有着各自不同的颜色，花是红色的，叶子是绿色的，天空是蓝色的，云朵是白色的……颜色对于儿童的大脑发育、情感培养、信息获取等方面都起着重要作用。以颜色作为语言载体进行英语教学，能引领学生用另一种语言词汇表达熟悉、喜爱的事物，能促进色彩感知力的形成，激发想象力，拓展艺术领域，有助于良好性格的形成。

二、主题目标

情感目标：对英语学习有兴趣，乐意参加英语学习活动。

认知目标：知道要仔细倾听才能辨别教师英语的发音及语气、语调的差别。

能力目标：掌握一定数量的颜色名称，能进行关于色彩的简单口语表达。

三、主题主要教学内容

1. 常见颜色的名称（如 red, yellow, green, pink, white, black, brown, orange）。

2. 颜色表达（如 The apple is red.）。

四、环境创设

（一）主题墙饰

用多种标注了颜色名称的色块装饰活动室。

（二）活动区域环境创设

1. 布置“五颜六色”活动区，请幼儿和家长共同收集颜色好看的图片，投放到活动区。

2. 开辟美工区，投放各种涂色用纸、毛笔、彩色铅笔，鼓励幼儿用喜欢的颜色进行绘画，并尝试使用英语对其和同伴所使用的颜色进行表达。

3. 开辟活动区，投放各种不同的色卡让幼儿制作喜欢的水果，鼓励幼儿大胆用英语讲述自己作品所使用的颜色，培养幼儿的表达能力。通过观察各种色卡激发幼儿的色彩兴趣，鼓励幼儿和同伴一起做游戏，分享喜欢的颜色。

4. 开辟图书区，提供各种与色彩有关的书籍供幼儿阅读。幼儿在活动中尝试模仿绘制作品与同伴展示、交流，并掌握正确的翻看图书方法，知道爱护图书。

五、活动举例

活动一

（一）活动目标

情感目标：乐意参加英语歌唱、游戏活动，对歌曲和游戏内容感兴趣。

认知目标：初步理解颜色是事物的一种特征。

能力目标：能用英语比较完整地说出歌曲和游戏中出现的颜色。

（二）活动内容

活动重点：单 词 red, yellow, blue, green, pink, purple, brown, tan, gold, silver, black, white。

活动难点：儿歌 *Color Song*。

（三）活动准备

Color Song 音频、白色的小象、黄色的小鸭、绿色的西瓜、红色的花朵、棕色的小熊、黑色的小球、橙色的橘子等玩具。

（四）活动过程

1. 热身活动：教师教幼儿唱 *Color Song*。教师用 PPT 展示歌曲中出现的各个颜色，帮助幼儿理解歌曲内容。教师介绍完关键词后带幼儿一起唱，教师唱一句，幼儿学一句，之后再和幼儿一起再唱一遍。

2. 教师一一向幼儿展示玩具，让幼儿说出它们的颜色。

3. 教师用颜色的英文名称重复称呼玩具。

4. 教师组织“什么颜色不见了？”的游戏，藏起一个玩具，让幼儿说出指代这个玩具颜色的英文名称。

附：

Color Song

Red, Yellow, Blue and Green stand up.
Red, Yellow, Blue and Green turn around, and,
Stretch up high above your head.
Red, Yellow, Blue and Green sit down.
Pink, Purple, Brown and Tan stand up.
Pink, Purple, Brown and Tan turn around, and,
Stretch up high above your head.
Pink, Purple, Brown and Tan sit down.
Gold, Silver, Black and White stand up.
Gold, Silver, Black and White turn around, and,
Stretch up high above your head.
Gold, Silver, Black and White sit down.

《颜色歌》

红色，黄色，蓝色和绿色站起来。
红色，黄色，蓝色和绿色转过来，然后，
伸展过头顶。
红色，黄色，蓝色和绿色坐下。
粉红色，紫色，棕色和茶色站起来。
粉红色，紫色，棕色和茶色转过来，然后，
伸展过头顶。
粉红色，紫色，棕色和茶色坐下。
金色，银色，黑色和白色站起来。
金色，银色，黑色和白色转过来，然后，
伸展过头顶。
金色，银色，黑色和白色坐下。

活动二

（一）活动目标

情感目标：幼儿增加学习英语的兴趣。
认知目标：幼儿的注意力和记忆力得到锻炼，幼儿的人际关系得到培养。
能力目标：幼儿能清晰熟练地表达颜色名称。

（二）活动内容

活动重点：单 词 red, yellow, blue, green, pink, purple, brown, tan, gold, silver, black, white。
活动难点：颜色名称。

（三）活动准备

颜色的词卡。

（四）活动过程

1. 热身活动：游戏“What's up?”（多了什么？）教师选取 3~4 张关于颜色名称的词卡，将它们分开排成一排贴在白板上，教师和幼儿一起大声说出这几张卡片，提醒幼儿认真看并牢记。然后请幼儿闭上眼睛，教师迅速加入一张词卡，再请幼儿睁开眼睛，大声说出多出了哪张词卡。当幼儿对游戏规则熟悉后，教师可以适当一次多增加几张词卡。

2. 教师请一位小朋友到讲台上来，请他背对着底下的小朋友，说 green yellow red，stop！说 green yellow red 的时候，底下的小朋友可以走动，说 stop 的时候，底下的小朋友不能动。底下的小朋友要努力靠近台上的小朋友，并轻拍他的背。说几遍 green yellow red 后，这名小朋友可以回头触碰离他最近的小朋友，由这名小朋友接替他喊 green yellow red，轮换进行游戏。（green yellow red 也可以替换成别的颜色或其他需要熟悉、学习的词汇）

六、家园共育

1. 发动家长收集以幼儿喜欢的颜色为主色调的图片和照片。

2. 亲子出游，家长带着幼儿去感受当季的自然色彩。

七、训练

训练一

请根据活动一中的内容，使用下列表格撰写一份教案（略案）。

《　　　　　　　　　　　　》教案

<table>
<tr><th colspan="4">基本情况</th></tr>
<tr><td>授课题目</td><td></td><td>课程名称</td><td></td></tr>
<tr><td>授课班级</td><td></td><td>授课类型</td><td></td></tr>
<tr><td>授课时间</td><td></td><td>授课时长</td><td></td></tr>
<tr><td>授课教师</td><td></td><td>授课地点</td><td></td></tr>
<tr><td>教材</td><td colspan="3"></td></tr>
<tr><th colspan="4">教学（活动）目标</th></tr>
<tr><td>知识目标</td><td colspan="3"></td></tr>
<tr><td>能力目标</td><td colspan="3"></td></tr>
<tr><td>情感目标</td><td colspan="3"></td></tr>
<tr><th colspan="4">教学内容及重难点</th></tr>
<tr><td>教学内容</td><td colspan="3"></td></tr>
<tr><td>教学重点</td><td colspan="3"></td></tr>
<tr><td>教学难点</td><td colspan="3"></td></tr>
<tr><th colspan="4">教学（活动）准备</th></tr>
<tr><td>物质准备</td><td colspan="3"></td></tr>
<tr><td>经验准备</td><td colspan="3"></td></tr>
</table>

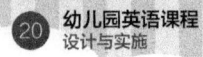

教学过程		
教学环节	时间分配	教学内容

教学反思	
本次课的特色	
本次课的亮点	
本次课的不足	

训练二

请根据活动二中的内容，使用下列表格撰写一份教案（详案）。

《　　　　　　　　　　》教案

基本情况			
授课题目		课程名称	
授课班级		授课类型	
授课时间		授课时长	
授课教师		授课地点	
教材			
教学（活动）目标			
知识目标			
能力目标			
情感目标			
教学内容及重难点			
教学内容			
教学重点			
教学难点			
教学（活动）准备			
物质准备			
经验准备			

教学过程		
教学环节	时间分配	教学内容

教学反思	
本次课的特色	
本次课的亮点	
本次课的不足	

教学资源库	
视频资源	
微课资源	
电子书库	
图片资源	
学习软件	
网页 / 公众号资源	

八、实战演练

请从主题主要教学内容中选取教学内容，依照训练二中的教案（详案）格式，自行进行教学设计，撰写一份1课时的教案，并进行试教。

《　　　　　　　　》教案

<table>
<tr><th colspan="4">基本情况</th></tr>
<tr><td>授课题目</td><td></td><td>课程名称</td><td></td></tr>
<tr><td>授课班级</td><td></td><td>授课类型</td><td></td></tr>
<tr><td>授课时间</td><td></td><td>授课时长</td><td></td></tr>
<tr><td>授课教师</td><td></td><td>授课地点</td><td></td></tr>
<tr><td>教材</td><td colspan="3"></td></tr>
<tr><th colspan="4">教学（活动）目标</th></tr>
<tr><td>知识目标</td><td colspan="3"></td></tr>
<tr><td>能力目标</td><td colspan="3"></td></tr>
<tr><td>情感目标</td><td colspan="3"></td></tr>
<tr><th colspan="4">教学内容及重难点</th></tr>
<tr><td>教学内容</td><td colspan="3"></td></tr>
<tr><td>教学重点</td><td colspan="3"></td></tr>
<tr><td>教学难点</td><td colspan="3"></td></tr>
<tr><th colspan="4">教学（活动）准备</th></tr>
<tr><td>物质准备</td><td colspan="3"></td></tr>
<tr><td>经验准备</td><td colspan="3"></td></tr>
</table>

教学过程		
教学环节	时间分配	教学内容

教学反思	
本次课的特色	
本次课的亮点	
本次课的不足	

教学资源库	
视频资源	
微课资源	
电子书库	
图片资源	
学习软件	
网页 / 公众号资源	

九、拓展阅读

常见幼儿英语教学法（二）

直观感知法（the direct method）

直接教学法是通过外语本身进行教学的方法，也叫口语法或自然法，代表人物是德国外语教学法研究者 M. D. Berlitz 和英国语言学家 H. E. Palmer。该教学法的主要特点是完全用英语进行教学，强调模仿、朗读的语言实践联系，听说领先，注重语音、语调和口语教学，以句子为教学单位，培养幼儿的听说能力、语言熟练技巧和语言习惯，最大限度地扩大幼儿的语言输入，广泛使用实物、图画、动作、手势、表情和游戏等直观手段解释词义和句子，让幼儿将英语与客观事物直接建立联系和锻炼幼儿直接用外语思维的能力。在课堂教学中尽量创造一个与幼儿学习母语相似的环境，使幼儿能够自然习得。在口头活动中教师不必给幼儿纠错，要给幼儿创造轻松愉快的学习气氛，以增强幼儿的信心，消除幼儿的焦虑。

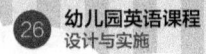

主题 三

食物·Food

一、主题背景

很多儿童进食存在偏食和挑食的现象，这会影响儿童的身体成长和智力发育。许多有益的食物比如水果、蔬菜对发育和健康很有好处，但是很多儿童却对它们抱有抵触情绪，不愿意吃。本主题帮助儿童从认识食物、水果、蔬菜名称的英文开始，在掌握英语语言知识的同时，通过观察、触摸、闻嗅等一系列活动，帮助儿童认识、了解、喜欢上吃有益的食物。

二、主题目标

情感目标： 喜欢吃各种有益的食物，愿意参加英语学习的各种活动。

认知目标： 知道不挑食有益身体健康。

能力目标： 能说出常见食物的名称，并简单进行表达。

三、主题主要教学内容

1. 常见食物的名称（如 rice, noodle, dumpling, meat, apple, banana, vegetable）。
2. 食物的外观（如 round, big, small, red, yellow）。
3. 食物的味道（如 sweet, sour, delicious）。
4. 常用餐具（如 spoon, chopsticks, fork, knife, bowl, plate, cup, glass）。

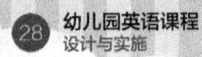

四、环境创设

(一)主题墙饰

1. 用配有英文的各种食物拼贴画装饰活动室和通道。

2. 投放投影仪、展板等，供幼儿展示他们收集到的关于食物的拼贴画。

(二)活动区域环境创设

1. 布置“我不挑食”活动区，请幼儿和家长共同收集儿童愉快进食和美味食物的照片、图片，投放到活动区。

2. 开辟美工区，投放各种涂色用纸、毛笔、彩色铅笔、皱纹纸、宣纸、彩泥、剪刀、黏土。鼓励幼儿进行食物绘制和手工制作，并尝试使用英语对其和同伴所制作的食物进行表达，结束后幼儿应将所有物品收拾整理好。

3. 开辟图书区，提供各种与食物有关的书籍，供幼儿阅读。

4. 开辟种植园，种植西红柿、辣椒等。

五、活动举例

活动一

(一)活动目标

情感目标：通过英语教学游戏，适应幼儿园的集体生活，使幼儿情绪稳定、愉快。

认知目标：通过英语教学游戏，知道要仔细倾听才能辨别英语发音的差别。

能力目标：通过英语数学游戏及复习能准确流畅地进行常见食物的英文表达。

（二）活动内容

活动重点：单词 rice, noodle, dumpling, beef, meat。

活动难点：单词 rice, noodle, dumpling, beef, meat 的发音。

（三）活动准备

传话用的图片词卡、上课会学习到的各种食品的实物、食物喜好调查表。

（四）活动过程

1. 热身活动：教师把幼儿分成人数相等的两组，进行“pass a message”（传话游戏）。两组站在同一起点，教师分别告诉两组第一个幼儿一个食物词汇，在教师发出开始口令后，幼儿把听到的词汇悄悄地传给第二个幼儿，再依次往下传，每个成员都必须参加传话。哪一组最后一名幼儿最先准确、清晰地上到讲台说出正确的词汇和中文意思为赢。反复进行。

2. 把准备好的食物向幼儿进行展示，读出它们的英文名称。继续示范英文名称的发音，并鼓励幼儿进行跟读。鼓励幼儿尝试自行进行英文名称的表达。

3. 请幼儿将食物分发给同伴，分发的时候必须清晰响亮地说出食物的英文名称。

3. 把调查表分发给幼儿，请他们回去调查家人的食物喜好。

活动二

（一）活动目标

情感目标：愿意吃不同的蔬菜，不挑食。

认知目标：知道蔬菜是有营养的，有利于身体健康。

能力目标：能清晰、流畅地说出蔬菜的英文名称。

（二）活动内容

活动重点： 单词 vegetable, potato, corn, garlic, onion, peas, bean, carrot。

活动难点： 单词 vegetable, potato, corn, garlic, onion, peas, bean, carrot 的发音。

（三）活动准备

绘本故事 *Vegetable Garden*、配有英文的蔬菜图片。

（四）活动过程

1. 热身活动：教师带着幼儿一起看绘本故事 *Vegetable Garden*，让幼儿感受到各种蔬菜都是很受人们喜欢的。

2. 教师在白板上贴出各种蔬菜的图片，鼓励幼儿举手指出他们知道的蔬菜英文名称。

3. 组织幼儿进行“蔬菜不见了”的游戏。在白板上贴出三张蔬菜的图片，然后抽走一张，幼儿说出被抽走的蔬菜英文名称，答对了奖励一朵小红花。贴出和抽出的图片数量可以根据幼儿熟练程度和游戏难度适当增加。

附：

Vegetable Garden

This is our vegetable garden.

This is a potato.

This is corn.

This is garlic.

These are onions.

These are peas.

These are green beans.

These are carrots.

My family loves vegetables!

《蔬菜园》

这是我们的蔬菜园。

这是土豆。

这是玉米。

这是蒜。

这些是洋葱。

这些是豌豆。

这些是青豆。

这些是胡萝卜。

我家人都喜欢蔬菜！

六、家园共育

1. 布置亲子作业，发放食物喜好调查表，调查家人的食物喜好。

2. 在“家园园地”的“幼儿营养知识”专栏中，向家长介绍蔬菜的营养价值，建议家长让孩子多吃蔬菜，养成不挑食的好习惯。

3. 组织亲子活动“蔬菜水果美食节”，请家长以蔬菜、水果为原料制作菜肴，带到幼儿园供幼儿进行品尝。

七、训练

训练一

请根据活动一的内容，使用下列表格撰写一份教案（略案）。

《　　　　　　》教案

基本情况			
授课题目		课程名称	
授课班级		授课类型	
授课时间		授课时长	
授课教师		授课地点	
教材			
教学（活动）目标			
知识目标			
能力目标			
情感目标			
教学（活动）内容及重难点			
教学内容			
教学重点			
教学难点			
教学（活动）准备			
物质准备			
经验准备			

教学（活动）过程		
教学环节	时间分配	教学内容

教学（活动）反思	
本次课的特色	
本次课的亮点	
本次课的不足	

训练二

请根据活动二的内容，使用下列表格撰写一份教案（详案）。

《　　　　　　　　》教案

基本情况			
授课题目		课程名称	
授课班级		授课类型	
授课时间		授课时长	
授课教师		授课地点	
教材			
教学（活动）目标			
知识目标			
能力目标			
情感目标			
教学内容及重难点			
教学内容			
教学重点			
教学难点			
教学（活动）准备			
物质准备			
经验准备			

教学过程		
教学环节	时间分配	教学内容

教学反思	
本次课的特色	
本次课的亮点	
本次课的不足	

教学资源库	
视频资源	
微课资源	
电子书库	
图片资源	
学习软件	
网页 / 公众号资源	

八、实战演练

请从主题主要教学内容中选取教学内容，依照训练二中的教案（详案）格式，自行进行教学设计，撰写一份 1 课时教案，并进行试教。

《　　　　　　　》教案

基本情况			
授课题目		课程名称	
授课班级		授课类型	
授课时间		授课时长	
授课教师		授课地点	
教材			
教学（活动）目标			
知识目标			
能力目标			
情感目标			
教学内容及重难点			
教学内容			
教学重点			
教学难点			
教学（活动）准备			
物质准备			
经验准备			
教学过程			

教学环节	时间分配	教学内容

教学反思	
本次课的特色	
本次课的亮点	
本次课的不足	

教学资源库	
视频资源	
微课资源	
电子书库	
图片资源	
学习软件	
网页 / 公众号资源	

九、拓展阅读

常见幼儿英语教学法（三）

听说法（the audio- lingual method）

听说法产生于第二次世界大战爆发后的美国，于20世纪五六十年代风靡全球，是以句型为纲，以句型反复操练为中心，强调口语第一性，着重培养听说能力，时时培养学习者正确语言习惯的外语教学法，代表人物是 C. C. Fries 和 R. Lado。听说法的理论基础是美国结构主义语言学和行为主义心理学，该教学法主要特点为重视听说、兼顾读写，严格按照听说读写的顺序教学，强调变换操练、反复操练养成语言习惯。此教学法的主要缺点是把语言看作是一系列“刺激—反应”的过程，忽视了语言运用的创造性，过分强调机械性的句型操练，脱离语言内容和社会场景，忽视语言的内容和意义，不利于培养幼儿运用语言形式恰当地进行交际的能力。

主题 四

身体部位·Body

一、主题背景

身体是幼儿探索世界的中心，幼儿了解世界是从了解自己的身体开始的。拥有健康的身体幼儿才能更好地进行生活、学习 。从小引导幼儿爱护自己的身体，养成良好的生活习惯，对幼儿健康体魄的形成是十分必要的。

二、主题目标

情感目标： 喜欢自己的身体，愿意进行身体锻炼。

认知目标： 知道身体部位的名称。

能力目标： 能够用简单的英语表达身体部位和动作。

三、主题主要教学内容

1. 身体部位的名称（如 face, hand, head, eye, knee, nose, ear, mouth, hair, finger, arm, leg）。

2. 简单的动作（如touch, wave, run, throw, knock, kick, swim, sing, play, dance, listen to, look at）。

四、环境创设

（一）主题墙饰

用运动和人体结构卡通贴画装饰活动室。

（二）活动区域环境创设

1. 布置“身体的秘密”活动区，投放胎儿发育过程图、男孩女孩图片。

2. 开辟美工区，投放各种涂色用纸、毛笔、彩色铅笔、皱纹纸、宣纸、彩泥、剪刀、黏土。鼓励幼儿进行人体制作，并尝试使用英语对其和同伴所制作的人体部位进行表达。结束后幼儿应将所有物品收拾整理好。

3. 开辟图书区，提供各种与身体有关的书籍，供幼儿阅读。

4. 投放大量娃娃到活动区。

五、活动举例

活动一

（一）活动目标

情感目标：幼儿喜欢英文游戏，演唱英文歌曲心情愉悦。

认知目标：知道身体部位的英文名称。

能力目标：能大方自然地演唱歌曲 *Head Shoulder Knees and Toes*。

（二）活动内容

活动重点：单词 head, shoulder, knee, toe, eye, ear, mouth, nose。

活动难点：歌曲 *Head Shoulder Knees and Toes*。

（三）活动准备

歌曲 *Head Shoulder Knees and Toes* 音频、人体卡通拼图。

（四）活动过程

1. 热身活动：组织游戏“I say you do”。教师出示身体部位的图片并说出该部位的英文名称，幼儿看见了要迅速地触摸该部位。通过这个游戏熟悉身体部位词汇。

2. 教师用英语发出“touch my ear”“close my eye”“touch my knees”等指令，先自己示范动作，引导幼儿边听边做出同样的动作。等幼儿理解后，让幼儿完成动作并引导他们开口重复指令。然后请一名幼儿说出指令，教师和其他幼儿一起做动作、重复指令。

3. 学习歌曲 *Head Shoulder Knees and Toes*。教师播放歌曲，让幼儿熟悉歌曲。教师讲解歌曲内容，并根据歌曲内容示范动作，幼儿跟唱并模仿教师动作。反复练习后，教师请表现好的幼儿上讲台表演，并进行奖励。要注意这首歌曲每一遍都会比前一遍节奏更快。

附：

Head Shoulder Knees and Toes

Head and shoulders, Knees and toes,
Knees and toes.
Head and shoulders, Knees and toes,
Knees and toes.
Eyes and ears and nose and mouth,
Head and shoulders, Knees and toes,
Knees and toes.

《头、肩膀、膝盖和脚趾》

头和肩膀，膝盖和脚趾，
膝盖和脚趾。
头和肩膀，膝盖和脚趾，
膝盖和脚趾。
眼睛，耳朵，鼻子和嘴。
头和肩膀，膝盖和脚趾，
膝盖和脚趾。

活动二

（一）活动目标

情感目标：幼儿喜欢演唱英文歌曲，进行英文游戏时情绪愉悦，能与其他幼儿建立良好的竞争关系。

认知目标：知道身体部位的英文名称。

能力目标：能说出身体部位的英文名称。

（二）活动内容

活动重点：单词 hand, nose, eye, ear, foot, face, mouth, finger。

活动难点：单词 hand, nose, eye, ear, foot, face, mouth, finger 的听辨。

（三）活动准备

歌曲 *One Little Finger* 音频、人体卡通拼图。

（四）活动过程

1. 热身活动：歌曲 *One Little Finger*。跟随轻快的歌曲，按歌词内容做动作，询问幼儿歌曲里提到了哪些部位。

2. 教师在白板上挂出一副空白人体卡通拼图图画，把身体各部位的贴画分发给幼儿。教师说出身体部位的英文名称，如幼儿手中贴画与教师所说的是同一部位，幼儿就要把手中的贴画举起。第一个举手答对的幼儿可以得到奖励，反复进行，直到完成空白人体卡通画的拼贴。

3. 教师组织游戏“抢凳子”。幼儿围成一个圆圈，中间放置少于幼儿人数的凳子。教师反复念身体部位的名称时，幼儿围绕凳子同方向转圈，当听到不是身体部位的英文名称时，幼儿迅速找凳子坐下，没抢到凳子的幼儿出局，依次减少凳子。游戏过程中要注意幼儿的安全，防止推搡、踩踏。

附：

One Little Finger

One little finger,
One little finger,
One little finger,
Tap tap tap.
Point your finger up.
Point your finger down.
Put it on your head. Head!
One little finger,
One little finger,
One little finger,
Tap tap tap.
Point your finger up.
Point your finger down.
Put it on your nose. Nose!
One little finger,
One little finger,
One little finger,
Tap tap tap.
Point your finger up.
Point your finger down.
Put it on your ear.Ear!
One little finger,
One little finger,
One little finger,
Tap tap tap.
Point your finger up.
Point your finger down.
Put it on your mouth. Mouth!
One little finger,
One little finger,
One little finger,
Tap tap tap.
Point your finger up.
Point your finger down.
Put it on your eye. Eye!
One little finger,
One little finger,
One little finger,
Tap tap tap.
Point your finger up.
Point your finger down.
Put it on your foot. Foot!

《一根小手指》

一根小小的手指，
一根小小的手指，
一根小小的手指，
轻轻拍拍拍。
手指往上指，
手指往下指，
手指放在头上。头！
一根小小的手指，
一根小小的手指，
一根小小的手指，
轻轻拍拍拍。
手指往上指，
手指往下指，
手指放在鼻子上。鼻子！
一根小小的手指，
一根小小的手指，
一根小小的手指，
轻轻拍拍拍。
手指往上指，
手指往下指，
手指放在耳朵上。耳朵！
一根小小的手指，
一根小小的手指，
一根小小的手指，
轻轻拍拍拍。
手指往上指，
手指往下指，
手指放在眼睛上。眼睛！
一根小小的手指，
一根小小的手指，
一根小小的手指，
轻轻拍拍拍。
手指往上指，
手指往下指，
手指放在脚上。脚！

六、家园共育

1. 布置亲子作业。

2. 在“家园园地”中向家长介绍幼儿身体发育的小知识和规律。

3. 开设“家长课堂”，请当医生的家长给幼儿上一节身体健康课。

七、实战演练

如何进行评课

评课是常见的教学科研活动，使用评价表可以对幼儿英语教育活动进行简单、直观的评价。评价表使用时只需要在相应表格打钩。请使用下表，对前面三个主题训练二中你设计的三个试教活动进行评价。

英语教育活动综合等级评价表（试教活动 1）

试教人员： 课题： 大 / 中 / 小班

目标达成分析	目标	完全达到	基本达到	未达到
	目标 1			
	目标 2			
	目标 3			
适合程度分析	内容 形式	完全适合	部分适合	不适合
活动因素分析	参与程度	主动积极	一般参与	未参与
	材料利用	充分利用	一般利用	未利用
	师生关系	积极互动	一般配合	消极被动

英语教育活动综合等级评价表（试教活动 2）

试教人员： 课题： 大 / 中 / 小班

目标达成分析	目标	完全达到	基本达到	未达到
	目标 1			
	目标 2			
	目标 3			
适合程度分析	内容 形式	完全适合	部分适合	不适合
活动因素分析	参与程度	主动积极	一般参与	未参与
	材料利用	充分利用	一般利用	未利用
	师生关系	积极互动	一般配合	消极被动

英语教育活动综合等级评价表（试教活动 3）

试教人员： 课题： 大 / 中 / 小班

目标达成分析	目标	完全达到	基本达到	未达到
	目标 1			
	目标 2			
	目标 3			
适合程度分析	内容 形式	完全适合	部分适合	不适合
活动因素分析	参与程度	主动积极	一般参与	未参与
	材料利用	充分利用	一般利用	未利用
	师生关系	积极互动	一般配合	消极被动

八、拓展阅读

常见幼儿英语教学法（四）

全身反应法（total physical response）

全身反应法是美国加州圣约瑟州立大学心理学教授 James Asher 于 20 世纪 60 年代提出的。它是一种通过语言与行为的协调来教语言的教学方法，主要是以身体动作对听说的英语作出反应，并通过师生肢体的相互交流、表现，帮助儿童理解英语所表达的意思，提高儿童英语能力。全身反应法有以下几个特点。

1. 理解先于开口。先让儿童用动作媒介来理解、加工语言，先训练听的技能。听在前，理解先于开口，说在后，不强行要求儿童使用语言，等到“说”的心理准备达到一定程度，儿童自然会说出大量的语言。

2. 先听后做动作。这是全身反应法最显著的特点，也是教学的主要组织形式。在教学过程中，教师用目标语发出指令，先自己做，等儿童理解后，让儿童完成动作。这样促进了左右脑的协调活动，使儿童通过身体对英语的反应动作来提高语言的理解力。

3. 教授的语言多以祈使句为主，以祈使句带动其他句型。听—做动作的身体反应是儿童根据教师的指令做出相应的动作，从而感知并理解掌握语言的。它是由教师使用有计划的指令——祈使句来控制的，其他句型的出现只能服从于祈使句的使用。

全身反应法特别适合低幼儿童学习英语。这种方法充分利用了儿童活泼好动的特点，在激发儿童学习英语的兴趣方面起到了很好的作用，而且这种方法对于儿童的即时言语表达不做严格要求，并能使儿童的视觉、听觉、触觉等多感官积极参与，带有游戏的性质，因此可以减轻儿童学习英语的负担，有效培养他们愉快的学习情绪，提高学习的效率。

主题 五

家庭·Family

一、主题背景

家庭是儿童最温暖的港湾，是儿童得以茁壮成长的土壤，父母家人是儿童最熟悉的人，父母慈爱、家人和睦、充满爱心的家庭是儿童最好的教育。如今越来越多的父母意识到教育孩子是父母的天职，而不能简单地把教育的责任推给幼儿园、学校和社会。以家庭为主题展开教学活动，能够让儿童迅速进入情境，激发儿童对家庭的归属感和荣誉感，对家人更加依恋和关心，培养儿童作为家庭成员的自主意识。

二、主题目标

情感目标：愿意用英语分享自己的家庭，情绪愉悦，有归属感。

认知目标：感知自己的家庭成员与同伴家庭成员的差异。

能力目标：能用英语清晰流畅地简单表达自己的家庭情况。

三、主题主要教学内容

1. 家庭成员的称谓（如 father, mother, brother, sister, uncle, aunt, grandpa, grandma）。
2. 家庭成员的职业（如 teacher, worker, policeman, doctor）。
3. 居住房间的名称（如 bedroom, kitchen, toilet）。

四、环境创设

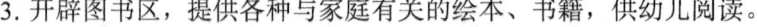

（一）主题墙饰

用幼儿的全家照、亲子照装饰活动室。

（二）活动区域环境创设

1. 布置“我的家”活动区，投放幼儿和家长提供的全家照、亲子照、幼儿用过的餐具和衣物。

2. 开辟美工区，投放各种涂色用纸、毛笔、彩色铅笔、剪刀，鼓励幼儿画出自己的家庭，并尝试使用英语对其绘画作品进行表达。结束后幼儿应将所有物品收拾整理好。

3. 开辟图书区，提供各种与家庭有关的绘本、书籍，供幼儿阅读。

五、活动举例

活动一

（一）活动目标

情感目标： 愿意与同伴分享自己的家庭，欣赏同伴的家庭。

认知目标： 熟悉与家庭有关的英文表达。

能力目标： 能初步使用“This is/ That is...”“I have...”“They are...”句型。

（二）活动内容

活动重点： 句型“This is/ That is...”“I have...”“They are...”。

活动难点： 句型“This is/ That is...”“I have...”“They are...”的发音。

（三）活动准备

We are All One Family 歌曲音频、绘本故事 *My Family*、幼儿家人的照片。

（四）活动过程

1. 热身活动：学唱英文歌曲 *We are All One Family*。

2. 通过绘本故事 *My Family*，展示今天的学习内容是关于家人的，引导幼儿学习用英文介绍自己的家人。

3. 让幼儿拿出准备好的家人照片，鼓励他们使用英文介绍自己的家人。

附：

We are All One Family

Father, Mother,
Brother, Sister,
Grandma, Grandpa,
Son and Daughter.
I love them and they love me.
We are all one family.
We live together,
We work together,
We play together,
We share together,
I love them and they love me,
We are all one family.

《我们是一家人》

爸爸、妈妈、
兄弟、姐妹、
奶奶、爷爷、
儿子和女儿。
我爱他们，他们爱我，
我们是一家人。
我们同住，
我们同劳作，
我们同玩乐，
我们同分享，
我爱他们，他们爱我，
我们是一家人。

活动二

（一）活动目标

情感目标：以父母的职业为荣，愿意与同伴分享。

认知目标：知道不同的父母从事不同的工作。

能力目标：在教师的引导、提示下能较清晰流畅地使用“My father/ mother is a ...”“He/ She is a ...”句型。

（二）活动内容

活动重点：句型“My father/ mother is a ...”“He/ She is a ...”。

活动难点：用“My father/ mother is a ...”“He/ She is a ...”表达父母的职业。

（三）活动准备

Mummy, I Love You 歌曲音频、表示职业的图片。

（四）活动过程

1. 热身活动：歌曲 *Mummy, I Love You*。

2. 教师将准备好的图片展示给幼儿看，让他们猜猜这些是什么职业，并组织游戏“听一听”。教师将职业图片分发给幼儿，并念图片中职业的单词，如教师念的单词与幼儿手中图片表示的职业一致，幼儿就举起手中的图片。

3. 教师问幼儿图片里有没有爸爸妈妈的职业，如果有，抽取图片，鼓励幼儿介绍爸爸妈妈的职业，句型为“My father/ mother is a ...”“He/ She is a ...”。

附：

Mummy, I Love You

Hello mummy, Hello mummy, Hello hello, I love you.

Hello daddy, Hello daddy, Hello hello, I love you.

Hello, Hello, Hello, Hello, Hello, hello, I love you.

Daddy, Mummy, Daddy, Mummy, Daddy, Mummy, I love you.

《妈妈，我爱你》

你好妈妈，你好妈妈，你好你好，我爱你。

你好爸爸，你好爸爸，你好你好，我爱你。

你好，你好，你好，你好，你好，你好，我爱你。

爸爸，妈妈，爸爸，妈妈，爸爸，妈妈，我爱你。

六、家园共育

布置亲子互动活动，父母与幼儿聊聊他们的职业，让幼儿看看他们的工作照片。

七、实战演练

幼儿的学习行为可以通过观察来了解，并对教学效果进行分析。幼儿英语教师可以通过下表对幼儿进行观察评价。请与同学两人一组，互相使用下表进行英语水平评价以熟悉该表的内容。在去幼儿园见习期间，也可以尝试使用该表对幼儿进行观察评价。

幼儿英语发展水平观察指标表

序号	项目	条目内容	分值	年龄班	打分标准
1	兴趣		6	小班	喜欢参加英语游戏活动
				中班	愿意参加英语活动
				大班	乐意参加英语活动
2	听	听的习惯	4	小班	喜欢听老师讲英语单词
				中班	喜欢听老师讲英语短句
				大班	喜欢听老师讲述简单英语故事
3		听的态度	4	小班	能听老师讲完英语单词
				中班	能听老师讲完英语短句
				大班	能看着老师，安静地听老师讲述故事
4		理解	4	小班	能听懂所讲述 4 个单词，并拿出相应的单词卡片
				中班	能听懂所讲述单词 4 个，拿出相应的单词卡片并复述
				大班	按老师所说单词的先后顺序摆放 4 个单词
5		动作	6	小班	按老师所说口令，做动作 3 次
				中班	按老师所说两个连续口令，做动作 3 次
				大班	按老师所说三个连续口令，做动作 3 次

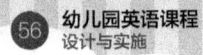

续表

序号	项目	条目内容	分值	年龄班	打分标准
6	表达与表现	表达	4	小班	能准确说出所给图片中 3 个以上物体的单词
				中班	能用 3 句以上短句描述所给图片中的内容
				大班	能用 3 句以上短句对所给图片进行简单谜语编讲
7		表现	4	小班	愿意跟老师一起唱英语歌曲
				中班	能独立演唱英语歌曲
				大班	能有表情地演唱英语歌曲
8		交往	6	小班	愿意和老师打招呼
				中班	愿意回答老师所提问题
				大班	能够就图片内容主动提问
9	讲	语音模仿	6	小班	能够准确模仿老师所讲单音节单词 4 个
				中班	能够准确模仿老师所讲双音节单词 4 个
				大班	能够准确模仿老师所讲多音节单词 4 个
10		语句模仿	6	小班	能够简单模仿老师所讲短句 2 句
				中班	能够完整模仿老师所讲短句 2 句
				大班	能够完整、准确模仿老师所讲短句 2 句

内容	等级标准		
	Ⅰ（5分）	Ⅱ（8分）	Ⅲ（10分）
讲话兴趣	不喜欢与人讲话	能被动地与人讲话	喜欢主动与人讲话
对英语的兴趣	不喜欢模仿说英语	有兴趣模仿说英语	积极主动说英语
语音	对新词句的发音不敏感	对新词句的发音敏感，并能模仿	能积极模仿新词句的发音
发音	不能正确发出易混淆的音＊	能正确发出部分易混淆的音＊	能正确发出易混淆的音＊
用词	对新词不敏感	对新词敏感，并能学说	能把新词运用到自己表达中去
回答问题	不回答问题	能简单回答问题	能正确、完整地回答问题
个人见闻	不喜欢讲个人见闻	有时讲个人见闻	喜欢讲个人见闻
讲述图片	不能讲出图片的内容	能列举出图片的内容	能讲出图片内容的内在联系
朗诵诗歌	不能完整朗诵短小儿歌	喜欢并能朗诵短小儿歌	喜欢并能朗诵儿歌和儿童诗
理解故事	能说出故事中的角色，说不出故事情节顺序	能按顺序说出故事的情节	能按顺序说出故事的情节，并概括出故事的主要意思
讲述故事	不会重述故事内容	在教师帮助下能讲出故事主要情节	能独立讲出故事的情节
阅读	没兴趣阅读图画书	喜欢阅读图画书，会一页一页翻看图画书	能主动阅读图画书，并理解图画书的主要内容
书面语言	对认读文字没兴趣	喜欢认读周围环境中的文字	喜欢认读周围环境和图画书中的文字

注：1. 请将儿童发展情况按照Ⅰ、Ⅱ、Ⅲ级所规定的分数，在每行的格外打上分数。如儿童达不到“Ⅰ（5分）”的标准，就在每行的格外写上0分。

2. 有＊处所指的音为zh、ch、sh、z、c、s；g、k、d、n、l。

3. 测查要单个儿童进行，测查的间隔时间不超过1周。

4. 测查发音的方法附后。

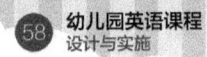

测查普通话发音的方法

1. 让儿童看一些物品、动作或图片，说出它们的名称。

测查儿童对 zh、ch、sh 与 z、c、s 的区分：

吵（chǎo）架——杂草（zá cǎo） 纸张（zhǐ zhāng）——紫色（zǐ sè）

三（sān）年——山水（shān shuǐ）

测查儿童对 g、k、d、n、l 等声母的掌握：

哥哥（gē）——得（dé）到　　男女（nán nǚ）——蓝绿（lán lǜ）

个（gè）人——客（kè）人

测查儿童对前后鼻音的区分：

搬（bān）家——帮（bāng）助 关（guān）门——阳光（guāng）

送信（xìn）——姓（xìng）名

2. 用儿歌、绕口令确定儿童能否发出容易混淆的音。

测查儿童对 sh、s、zh、z、ch、c 的掌握：

柿子红，柿子黄，
柿子柿子甜似糖，
红柿子，树上长，
柿子柿子大家尝。

测查儿童对口、狗、走（ou）及溜、牛（iu）的掌握：

一只老狼藏洞口，
两只小羊洞外游，
三只猴子看见了，
叫声小羊快快溜，
小羊吃草没听见，
惊动树下老黄牛，
牛儿勇敢来帮助，
唤来一只大猎狗，
猎狗冲着老狼叫，
吓得老狼忙逃走。

测查英语发音的方法

1. 让儿童看一些动作或图片，说出它们的名称。

测查儿童对清辅音 /p//t//k//tʃ//tr//s/ 与浊辅音 /b//d//g//dʒ//dr//z/ 的区分：

pee — bee	park — bark	poor — boor
to — do	tall — doll	foot — food
could — good	duck — dog	bike — bag
cheap — jeep	watch — bridge	church — judge
truck — drink	tree — driver	try — dry
bus — vase	loss — nose	see — zip

测查儿童对元音 /e/ 和 /æ/ 并加入相应辅音的掌握：

bed—bad　　pet— pat　　egg—tab

测查儿童对元音 /aː/ 和 /ʌ/ 并加入相应辅音的掌握：

father—mother　　dark—duck　　mark—nut

测查儿童对元音 /uː/ 和 /u/ 并加入相应辅音的掌握：

food—book　　do—cook　　moon—look

测查儿童对元音 /ɔː/ 和 /ɔ/ 并加入相应辅音的掌握：

door—cock　　horse—dog　　fork—box

测查儿童对元音 /iː/ 和 /i/ 并加入相应辅音的掌握：

sheep—ship　　see—sit　　eat—it

测查儿童对经常容易混淆单词的掌握：

work—walk　　horse—house　　short—shout

2. 用儿歌、绕口令确定儿童能否发出易混淆的音。

My feet are tired,
My boss says I am fired;
Today is hot,
And happy I am not.
I love coffee, I love tea.
I love boat around the sea.

* * * * * * *

Can you jump like a rabbit?
Can you swim like a duck?
Can you fly like a bird?
Can you run like a dog?

八、拓展阅读

常见幼儿英语教学法（五）

情景教学法（the situational approach）

情景教学法，也叫视听法，是基于听说法和直接法的理论基础上产生的，通过视听的方法，可以培养儿童的听说能力。情景教学法于 20 世纪 50 年代由 G. Gougenhein 和 P. Guberina 创立，此教学法强调教师创设或模拟真实、生动、实用的生活场景，便于学生将所学语言材料进行综合、创造性的表达交流。这种练习方法接近生活的交际功能，而且能变单调、机械的句型为活泼、生动的交际性练习情境，使学生在生动、形象的情境中学习英语。通过情境和语言的结合，使学生体会到英语学习在日常生活中的真实有效性，并且通过说话时的姿势和表情，使学生对语言的感觉比单听或仅从书面语习得所产生的印象更加深刻，从而更容易学好语言。

主题 六

节日·Festival

一、主题背景

中西方文化中都有许多重要的节日，它们是一个民族特有的历史、社会活动和文化的传承。每逢过节，人们欢欢喜喜，街道上装饰一新，家长也会带着儿童开开心心的以各种形式过节。但是很多节日的来历、意义以及过节时需要注意的安全和礼仪问题儿童们却并不知晓，因此以节日作为教学主题，能够唤起儿童欢快的记忆，有利于儿童潜移默化地接受文化熏陶和传承，增进对社会文化生活的了解，促进跨文化交际。

二、主题目标

情感目标：对关于节日的教学活动感兴趣，乐于参与，情绪愉悦。

认知目标：知道中外节日的不同。

能力目标：能用英语说出节日的英文名称，能根据节日说出节日问候。

三、主题主要教学内容

1. 中国节日（如 Spring Festival, Lantern Festival, Dragon Boat Festival, The Mid-Autumn Festival, National Day）。

2. 外国节日（如 Mother's Day, Father's Day, Thanksgiving, Easter, Christmas）。

3. 国际节日（如 New Year's Day, International Women's Day, International Labor Day, International Children's Day）。

四、环境创设

（一）主题墙饰

1. 用节日海报装饰活动室。

2. 根据教学内容，和幼儿共同布置节日装饰，如灯笼、贴纸、圣诞树等。

3. 开设语言区，投放各种节日贺卡，幼儿学习抄写节日问候用语。

（二）活动区域环境创设

1. 布置以距离教学时间最近的一个节日为主题的活动区，收集节日标志性装饰和图片投放到活动区。

2. 开辟美工区，投放各种涂色用纸、毛笔、彩色铅笔、皱纹纸、宣纸、彩泥、剪刀、黏土。鼓励幼儿进行节日主题的绘画创作和手工制作，并尝试使用英语对其和同伴所绘制和制作的作品进行表达。结束后幼儿应将所有物品收拾整理好。

3. 开辟图书区，提供与节日有关的各类书籍，供幼儿阅读。掌握正确翻看图书的方法，知道爱护图书。

五、活动举例

活动一

（一）活动目标

情感目标：喜欢与教师、同伴分享春节的喜悦。

认知目标：知道春节是中国农历新年的第一天，有特定的问候。

能力目标：能在教师的引导下，清晰流畅地简单表述与春节有关的内容。

（二）活动内容

活动重点：和春节有关的词汇，如 happy new year（新年好）、new year's visit

（拜年）、the dinner on new year's eve（年夜饭）、gift money（压岁钱）、fireworks（烟花）、firecrackers（鞭炮）。

活动难点：和春节有关的词汇，如 happy new year（新年好）、new year's visit（拜年）、the dinner on new year's eve（年夜饭）、gift money（压岁钱）、fireworks（烟花）、firecrackers（鞭炮）。

（三）活动准备

Happy New Year（*We Wish You a Happy New Year*）歌曲音频、*Happy New Year*（*Happy New Year to You*）歌曲音频、套圈游戏道具和奖品。

（四）活动过程

1. 热身活动：教师播放欢快的 *Happy New Year*（*We Wish You a Happy New Year*），让幼儿回忆起春节的欢乐。

2. 教师播放春节来历、习俗的视频，然后一起学习春节的节日词汇。

3. 将幼儿分成两组，每组分别说出和春节有关的事物，说对就给该队计分，最后分数高的一组胜出。

4. 组织幼儿进行套圈游戏，奖品为生肖玩具、对联、鞭炮、窗花、福字贴等，套中就可以带回家。

5. 学唱儿歌 *Happy New Year*（*Happy New Year to You*）。

附：

1. Happy New Year
（We Wish You a Happy New Year）

We wish you a happy new year!
We wish you a happy new year!
We wish you a happy new year!
We wish you a happy new year!
We wish you a happy new year!
We wish you a happy new year!
We wish you a happy new year!
We wish you a happy new year!

I wish you a happy new year!
You wish me a happy new year!
We wish you a happy new year!
We wish you a happy new year!
We wish you a happy new year!
We wish you a happy new year!
We wish you a happy new year!
We wish you a happy new year!

1.《新年快乐》(我们祝你新年快乐)

我们祝你新年快乐!
我们祝你新年快乐!
我们祝你新年快乐!
我们祝你新年快乐!
我们祝你新年快乐!
我们祝你新年快乐!
我们祝你新年快乐!
我们祝你新年快乐!
我祝你新年快乐!

你祝我新年快乐!
我们祝你新年快乐!
我们祝你新年快乐!
我们祝你新年快乐!
我们祝你新年快乐!
我们祝你新年快乐!
我们祝你新年快乐!
我们祝你新年快乐!

2. Happy New Year (Happy New Year)

Happy new year, Happy new year, Happy new year to you all!
We are singing, We are dancing, Happy new year to you all!
Happy new year, Happy new year, Happy new year to you all!
We are singing, We are dancing, Happy new year to you all!
Happy new year, Happy new year, Happy new year to you all!
We are singing, We are dancing, Happy new year to you all!
Happy new year, Happy new year, Happy new year to you all!
We are singing, We are dancing, Happy new year to you all!

《新年好》(新年好呀)

新年好呀，新年好呀，祝贺大家新年好!
我们唱歌，我们跳舞，祝贺大家新年好!
新年好呀，新年好呀，祝贺大家新年好!
我们唱歌，我们跳舞，祝贺大家新年好!
新年好呀，新年好呀，祝贺大家新年好!
我们唱歌，我们跳舞，祝贺大家新年好!
新年好呀，新年好呀，祝贺大家新年好!
我们唱歌，我们跳舞，祝贺大家新年好!

活动二

（一）活动目标

情感目标：对圣诞节的故事感兴趣，愿意参加教师组织的圣诞节教学活动。

认知目标：知道圣诞节的来历和特定的问候、习俗。

能力目标：能根据圣诞的场景进行特定的节日问候。

（二）活动内容

活动重点：问候语“merry Christmas”、圣诞节的故事。

活动难点：圣诞节故事的理解。

（三）活动准备

Jingle Bell 和 *I Wish You a Merry Christmas* 歌曲音频、圣诞节动画故事。

（四）活动过程

1. 热身活动：教师播放圣诞歌曲 *Jingle Bell*，用“merry Christmas”与幼儿打招呼。

2. 播放圣诞节的动画故事，向幼儿提问：“圣诞老人穿着什么颜色的衣服？”“帮他拉雪橇的是什么动物？”“圣诞老人从哪进入孩子们的家？”等问题。答对的幼儿可以获得奖励。

3. 教师引导幼儿学习圣诞节的祝福语“merry Christmas”。教师和幼儿一起制作圣诞贺卡，把这句话写在贺卡上，送给父母、教师或朋友。

4. 播放歌曲 *I Wish You a Merry Christmas*，教师穿上圣诞老人的服饰，和幼儿一起互相赠送贺卡。

5. 赠送完贺卡后，教师教授幼儿学习圣诞歌曲 *I Wish You a Merry Christmas*。

附：

1. Jingle Bell

Jingle bells! Jingle bells! Jingle all the way,
Oh what fun it is to ride in a one horse open sleigh.
Hey!
Jingle bells! Jingle bells! Jingle all the way,
Oh, what fun it is to ride in a one horse open sleigh.
Dashing through the snow.
In a one horse open sleigh,
Over the fields we go,
Laughing all the way.
The bells on bobtail ring,
Making our spirits bright!
What fun it is to ride and sing a sleighing song tonight!
Jingle bells! Jingle bells! Jingle all the way,
Oh what fun it is to ride in a one horse open sleigh.
Hey!
Jingle bells! Jingle bells! Jingle all the way,
Oh what fun it is to ride in a one horse open sleigh.

《铃儿响叮当》

叮叮当！叮叮当！铃儿响叮当，
我们在敞篷雪橇上滑雪多快乐。
嘿！
叮叮当！叮叮当！铃儿响叮当，
我们在敞篷雪橇上滑雪多快乐。
冲破大风雪。
我们坐在雪橇上，
飞驰过田野，

一直伴随着笑声，
马尾铃铛响着，
精神多欢畅！
今晚滑雪真快乐把滑雪歌儿唱！
叮叮当！叮叮当！铃儿响叮当，
我们在雪橇上滑雪多快乐。
嘿！
叮叮当！叮叮当！铃儿响叮当，
我们在雪橇上滑雪多快乐。

2. I Wish You a Merry Christmas

We wish you a Merry Christmas！
We wish you a Merry Christmas！
We wish you a Merry Christmas and a Happy New Year！
We wish you a Merry Christmas！
We wish you a Merry Christmas！
We wish you a Merry Christmas and a Happy New Year！
Good tidings we bring to you and your kin，
We wish you a Merry Christmas and a Happy New Year！
Oh, bring us a figgy pudding，
Oh, bring us a figgy pudding，
Oh, bring us a figgy pudding and bring it fight here！
We won't go until we get some，
We won't go until we get some，
We won't go until we get some, so bring some out here！
Good tidings we bring to you and your kin，
We wish you a Merry Christmas and a Happy New Year！
Good tidings we bring to you and your kin，
We wish you a Merry Christmas and a Happy New Year！

We wish you a Merry Christmas!
We wish you a Merry Christmas!
We wish you a Merry Christmas and a Happy New Year!
We wish you a Merry Christmas!
We wish you a Merry Christmas!
We wish you a Merry Christmas and a Happy New Year!

《我们祝你过一个快乐的圣诞节》

我们祝你过一个快乐的圣诞节！
我们祝你过一个快乐的圣诞节！
我们祝你过一个快乐的圣诞和新年！
我们祝你过一个快乐的圣诞节！
我们祝你过一个快乐的圣诞节！
我们祝你过一个快乐的圣诞和新年！
我们把祝福送给你及你的亲友，
我们祝你过一个快乐的圣诞和新年！
哦，给我们一个无花果味的布丁，
哦，给我们一个无花果味的布丁，带到这儿来，
哦，给我们一个无花果味的布丁，带到这儿来，
没拿到我们就不走，
没拿到我们就不走，
没拿到我们就不走，所以拿点给我们吧！
我们把祝福送给你及你的亲友，
我们祝你过一个快乐的圣诞和新年！
我们把祝福送给你及你的亲友，
我们祝你过一个快乐的圣诞和新年！
我们祝你过一个快乐的圣诞节！
我们祝你过一个快乐的圣诞节！
我们祝你过一个快乐的圣诞和新年！
我们祝你过一个快乐的圣诞节！
我们祝你过一个快乐的圣诞节！
我们祝你过一个快乐的圣诞和新年！

六、家园共育

在家园联系栏中，向家长公布学习主题，便于家长交流、配合。

七、训练

训练一

请从主题主要教学内容中选择一个内容进行主题环创设计和制作。

1. 环创主题

2. 环创所需材料

3. 环创所需人员和数量

4. 环创设计图稿

环创设计图稿请回执在此处

训练二

请以 The Mid-Autumn Festival 为主题，设计四个活动头饰。

头饰一

头饰二

头饰三

头饰四

八、实战演练

1. 请选择训练一或训练二的教学内容进行环境创设，制作主题墙饰和头饰，然后进行试教。（教案写在空白处）

2. 请对一位同学的试教进行评价。

英语教育活动综合等级评价表（试教活动）

试教人员：　　　　　　　　　　课题：　　　　　　　　　　大 / 中 / 小班

目标达成分析	目标	完全达到	基本达到	未达到
	目标 1			
	目标 2			
	目标 3			
适合程度分析	内容 形式	完全适合	部分适合	不适合
活动因素分析	参与程度	主动积极	一般参与	未参与
	材料利用	充分利用	一般利用	未利用
	师生关系	积极互动	一般配合	消极被动

九、拓展阅读

常见幼儿英语教学法（六）

角色扮演法（role playing method）

角色扮演法是指学生在教师提供的一定语言环境中扮演特定人物活动的教学方法。角色扮演是一种课堂教学活动，通过一系列活动使学生置身于某一特定的环境下扮演某个虚构的角色，并使用与新语境相符合的语言以相应角色的身份说话，同时必须向另一个角色扮演者说出某些语言或做出某些行为，尤其注重培养语言运用能力的一种教学方法。学生们以现实生活中的人物为模型，来表现发生在那些角色身上所特有的充满想象力的事。具体分为完全控制式角色扮演、半控制式角色扮演、半自由式角色扮演和自由式角色扮演四种类型。

角色扮演的主要步骤有：选定主题、创造情景、小组讨论、分配角色、演示、排练准备、表演、反馈（评价分析）。步骤总体可以分为：表演前、表演中、表演后。角色扮演法极具趣味性，教学内容易为幼儿所接受，能提升幼儿的语感，培养幼儿的创造力，发展自己与他人沟通交流的能力，建立自信。

主题 七

动物·Animals

一、主题背景

生活中有可能出现各种各样的动物，而儿童对动物总是充满了好奇，有的儿童家里还有猫、狗等小动物，动物园和水族馆更是孩子们百去不厌的地方。了解常见的动物，教育他们从小爱护动物和动物友好相处，同时儿童也要知道动物可能带来的伤害和必要的防护知识。通过这一教育主题，儿童们能够分辨出一些动物明显的特征，培养他们的观察能力，激发爱护动物的情感，让他们获得与动物友好相处带来的愉快情感体验。

二、主题目标

情感目标：喜欢动物，爱护动物，愿意与动物友好相处。

认知目标：知道动物的不同外观和特点。

能力目标：能对自己熟悉、喜欢的动物进行简单的描述。

三、主题主要教学内容

1. 动物的名称（如 dog, cat, bear, tiger, rabbit, fish, pig, bird, sheep）。
2. 动物的动作特点（如 jump, run, fly, swim, sing）。
3. 动物的外观（如 white, brown, black, yellow, big, small）。

四、环境创设

（一）主题墙饰

1. 用各种动物拼贴画装饰活动室。
2. 投放投影仪、展板等，向幼儿展示拼贴画。

（二）活动区域环境创设

1. 布置“动物园”活动区，请幼儿和家长共同收集动物照片、图片，投放到活动区。

2. 开辟美工区，投放各种涂色用纸、毛笔、彩色铅笔、彩泥、剪刀、黏土。鼓励幼儿进行动物主题的绘画创作，并尝试使用英语对其和同伴所绘画的动物进行表达。结束后幼儿应将所有物品收拾整理好。

3. 开辟图书区，提供各种与动物有关的书籍，供幼儿阅读。

4. 开辟“小小动物园”，请幼儿从家里带来动物玩具组成动物园。

五、活动举例

活动一

（一）活动目标

情感目标：喜欢动物，愿意与人讨论动物。

认知目标：知道不同的动物有不同的特点。

能力目标：能说出喜欢的动物名称，并进行简单描述。

（二）活动内容

活动重点：动物名称词汇和句型“I'm a dog/ cat/ fish/ rabbit/ mouse/bird... I can run/ walk/ swim/ sing...”。

活动难点：句型“I'm a dog/ cat/ fish/ rabbit/ mouse/ bird... I can run/ walk/ swim/ sing...”。

（三）活动准备

物资准备：动物头饰。

（四）活动过程

1. 教师利用多媒体演示小动物，边讲解示范边引导幼儿模仿说出动物的名称，模仿得好的就给他们戴上这个小动物的头饰。掌握了小动物的名称之后，教师引导幼儿边说边反复模仿小动物的动作。

2. 组织“wolf and small animal”游戏。幼儿扮演头饰上的小动物，并边说边做小动物的动作。教师扮成 wolf 走过来，边走边说：“I'm hungry，I'm looking for someone to eat. wolf 出现的时候，小动物们都必须停止动作，不能动，否则就会被 wolf 发现。wolf 说：“I find nothing.”走了之后，幼儿扮演的小动物们可以重新活动、玩耍。

活动二

（一）活动目标

情感目标：喜欢动物的故事，能积极主动参与绘本剧的编排。

认知目标：知道动物有不同的特点。

能力目标：通过绘本剧，能进行简单的社交语言表达。

（二）活动内容

活动重点：绘本剧《小熊请客》内容的理解。

活动难点：绘本剧《小熊请客》的编排和表演。

（三）活动准备

绘本动画《小熊请客》。

（四）活动过程

1. 教师利用多媒体设施带领幼儿看绘本动画《小熊请客》，熟悉《小熊请客》里的动物名称、剧情，掌握角色对话。

2. 教师排演绘本剧《小熊请客》。教师分配角色，帮助幼儿用夸张的语气和表情完成对话，并示范表演。

3. 教师与幼儿一起戴上头饰进行表演，引导幼儿进行模仿。

4. 反复排练后进行表演。

附：

The Bear's Entertainment

Scene Ⅰ

GE: Once there were many animals lived in a beautiful forest. There were 4 bears in this forest. One of these bears birthday was coming. He wanted to invite his friends to come to his house. So the family was busy from the morning.

(Trees.)

Tree1：I'm a tree.

Tree2：I'm green.

Tree3：I'm a tree.

Trees: We' re the forest.

(The trees retreated to the background.)

(The bears show up, and the background music is *Teddy Bear*.The bear and his family are dancing to the stage. After that, Winnie says.)

Winnie: Good morning. My name is Winnie. This is my family.

The bears：Good morning, Daddy and Mommy!

Daddy：Good morning.

Mommy: Good morning.

(Bears chorus Mommy And Daddy)

Song：

Mommy I love you，Mommy I love you，

Mommy I love you，Mommy I love you.

Daddy I love you，Daddy I love you，

Daddy I love you，Daddy I love you.

Mommy:Winnie, Today is your birthday. Lets get ready for your guests, OK?

The bears：OK.

Daddy：Let's go.

Scene 2

1. (Morning music，Flowers.)

Flower1：I'm a red flower.

Flower2：I'm a blue flower.

Flower3：I'm yellow flower.

Flower4：I'm purple flower.

Flower5：I'm pink flower.

Flowers: We are beautiful flowers.

(Winnie.)

Winnie: Hello, flowers.

Flowers: Hello, Winnie. Happy birthday to you.

Winnie: Thank you.

(Winnie took the flowers into the house and the flowers fell back.)

2. (Rabbits sing *A Rabbit*.)

Chant:

Rabbit, Rabbit,
has long long ears.
Rabbit, Rabbit,
has red red eyes.
Rabbit, Rabbit,
has short short tail.
Rabbit, Rabbit,
can jump so high.

(Winnie.)

Winnie: How are you, rabbits.

Rabbits : Fine,thank you.Winnie, Happy birthday!

Winnie: Thank you.

Scene 3 |

(The mother Bear takes the family and their guests come to the stage. They are singing happy birthday song together.)

(At the same time the tiger comes to the stage. He wants to join the party.)

(Tiger: Knock knock knock.)

(Winnie opens the door.)

Tiger: May I come in?

Together: No, no, no!

Winnie Closes the door.

Mommy: Mr. Tiger is our friend. Why don't we invite him ?

Together: OK. Come here, Mr. Tiger.

(Ending.)

《小熊请客》

第一幕：小熊全家上场

旁白：从前有一座美丽的森林，里面住着很多的小动物。其中就住着 4 只可爱的小熊。有一天，其中一只小熊的生日快到了。他想要邀请森林里的朋友们来他的家里做客。一大早小熊的一家人就开始忙里忙外了。

（树出场。）

树 1：我是一棵树。

树 2：我是绿色的。

树 3：我是一课树。

树们：我们是森林。

（树后退至背景处。）

（小熊们出场，背景音乐 *Teddy Bear*。小熊和他的家人在舞台中央跳舞。之后，维尼说话。）

维尼：早上好。我的名字叫维尼。这是我的家人。

小熊们：早上好，爸爸妈妈！

熊爸爸：早上好。

熊妈妈：早上好。

小熊合唱 *Mommy and Daddy*。

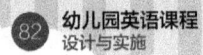

歌曲：
妈妈我爱你，妈妈我爱你，
妈妈我爱你，妈妈我爱你。
爸爸我爱你，爸爸我爱你，
爸爸我爱你，爸爸我爱你。
熊妈妈：维尼，今天是你的生日，我们去做准备欢迎客人吧？
小熊们：好的。
熊爸爸：我们走吧。（小熊们和爸爸妈妈退场）

第二幕 小熊朋友上场

（早晨背景音乐响起，小花们欢快地跳舞上场。）
第一朵：我是小红花。
第二朵：我是小蓝花。
第三朵：我是小黄花。
第四朵：我是小紫花。
第五朵：我是小粉花。
花朵们：我们是漂亮的花儿。
（维尼上场。）
维尼：小花们，你们好。
小花们：你好，维尼。生日快乐。
维尼：谢谢。
（维尼把小花们带至房子里，花朵退下）
（小兔子们唱着歌曲 *A Rabbit* 上场。）
歌谣：
小兔子，小兔子，
长长耳。
小兔子，小兔子，
红红眼。
小兔子，小兔子，
短短尾。
小兔子，小兔子，
跳得高。

（维尼上场。）
维尼：你们好吗，小兔子们。
兔子们：我们很好，谢谢。维尼，生日快乐。
维尼：谢谢。

第三幕：老虎上场

（熊妈妈带领维尼一家人和客人来到舞台上，并一起唱起生日快乐歌。）

（这时候，老虎上场了，他也想参与到小熊家的 party 上去。）

（老虎敲门。）

（小熊来开门。）

老虎：我能进来吗？

大家：不可以。

（小熊关门。）

熊妈妈：老虎先生也是我们的好朋友，我们为什么不邀请他呢？

大家：好吧，老虎先生，我们一起来吧。

（全剧终。）

六、家园共育

1. 组织家长会，与家长沟通主题学习内容信息，加强家园交流合作。
2. 组织亲子出游，家长带幼儿去动物园参观，扩大对动物的知识面。
3. 家长亲自布置教室环境创设，共同布置墙饰。

七、训练

训练一

请分别制作活动二《小熊请客》中的维尼、熊妈妈、小花、小兔和老虎的故事剧本。

训练二

制作活动二《小熊请客》的舞台背景和道具。主要背景和道具请绘制在下方空白框内。

八、实战演练

根据活动二中《小熊请客》的剧本，结合训练一、训练二，排演绘本剧《小熊请客》并演出。

九、拓展阅读

常见幼儿英语教学法（七）

示范模仿法（demonstration and imitation）

示范模仿法是指教师有目的地把示范语言作为有效的刺激手段，以引起幼儿相应的行动，使他们通过模仿有效地掌握语言的一种教学方法。费茨和波斯认为一个复杂行为技能的获得，如语言，需要经历三个阶段：认知阶段，即学会行为技能的要求；联系阶段，通过学习使部分技能由不够精确到逐步精确，单个的下属技能逐步结合成总结技能；自主阶段，行为技能的程序步骤已不再需要通过思考完成。通过示范模仿，学生能掌握一些基本行为技能，如读、写、算、唱、跳及各种运动、操作技能、社会的道德习惯和行为模式。示范模仿法分为几个主要步骤：定向、参与性练习、自主练习、迁移。首先，定向阶段。教师在这个阶段要完成两项基本任务：一是向学生说明要掌握的行为技能，解释技能操作的规则、要领、程序等；二是对学生做形体演示，也就是示范。其次，参与性练习阶段。教师示范以后，便由学生进行模仿。第三，自主练习阶段。上一阶段学生会做了，但还不成熟，还需要边想边做。这一阶段的任务是通过自主独立练习，由会到熟。第四，迁移阶段。这时动作达到高级阶段，可以在新的情境中灵活运用。整体来看，示范模仿法的步骤可简化为：教师示范，学生模仿。

示范模仿式教学有利于幼儿将知识与实践相结合，学生手脑并用，行为质量可以及时得到反馈，教学效果好，有利于培养幼儿积极思考、注意观察等良好的学习习惯和相互帮助、遵守纪律的品质和观念。

主题 八

数字·Number

一、主题背景

计算是人的基本能力之一。数字不仅有着实际“数”的计算意义，还是锻炼儿童思维能力、抽象思维的重要途径，更是儿童学习用抽象思维解决问题的开始。数字是儿童学习数学的基础，而数学是自然科学的基础，把数字作为教学主题能加强儿童对数字的识别和理解，体验探索和发现的喜悦，激发对数学的兴趣，培养良好的学习品质。

二、主题目标

情感目标：对数学有良好的兴趣，愿意进行和数字有关的教学活动。

认知目标：知道数字的内涵。

能力目标：能掌握 0~20 的数字英文名称，用英文表达 10 以内的加减。

三、主题主要教学内容

1. 0~20 数字的名称（如 zero, one, two, three, four, five, six, seven, eight, nine ten, eleven, twelve, thirteen, fourteen, fifteen, sixteen, seventeen, eighteen, nineteen, twenty）。

2. 10 以内的加减（如 plus, minus.One plus two is three. Ten minus four is six.）。

四、环境创设

（一）主题墙饰

标有英文的数字贴画。

（二）活动区域环境创设

开辟学习区，投放数量 20 以内的方块、椭圆、正方形、小红花、娃娃、动物玩具、仿真水果等。

五、活动举例

活动一

（一）活动目标

情感目标：通过游戏与教师进行积极的学习互动。

认知目标：知道数字所指代的意义。

能力目标：通过游戏，幼儿能牢固记忆 0~10 的数字发音。

（二）活动内容

活动重点：0~10 的数字名称。

活动难点：0~10 的数字名称发音。

（三）活动准备

0~10 数字贴纸、0~10 数字词卡、*Number Song* 歌曲音频

（四）活动过程

1. 教师在白板上贴出 0~10 的数字，教师指着数字用英文示范朗读，幼儿仔细听。教师再次指着数字朗读单词，幼儿跟读。教

师指着数字但是不再示范朗读，由幼儿进行试读。请一名幼儿上台指着数字，台下幼儿和老师朗读，也可以由幼儿指定某位同伴来朗读，可轮换幼儿进行练习。

2. 教师组织幼儿进行翻卡游戏。将 1~10 的词卡扣在桌面上，教师说 1~10 中的任意数字单词，幼儿翻卡片。如果翻出的卡片不是教师所说的单词就要扣回去，如果翻对了就能得分。

3. 教师组织游戏“找朋友”。按幼儿人数的一半（或三分之一）准备数字卡片，并随机分发。在 *Number Song* 的歌曲背景中，幼儿必须通过念着卡片上的数字单词，找到和自己拿有同样数字的所有同伴。

活动二

（一）活动目标

情感目标：喜欢英语数字教学活动，在活动中能与同伴友好相处。

认知目标：知道数字的意义。

能力目标：能用英语说出 0~20。

（二）活动内容

活动重点：用英语进行 0~20 的数数。

活动难点：0~20 数字的读认。

（三）活动准备

歌曲 *Ten Little Fingers* 音频、0 ～ 20 的数字贴画、有 0 ～ 20 物体数量的图片。

（四）活动过程

1. 组织幼儿进行歌曲 *Ten Little Fingers* 手指唱数。

2. 教师在白板上贴出 0~20 的数字，并展示各种有确定数量的图片，让幼儿用英文去数，然后请幼儿上讲台指出他数出的数量。

3. 组织“我指你找”游戏。教师将 0~20 的数字和有 0~20 物体数量的图片贴到白板上。教师任意指一个数字，让幼儿大声地读出这个数字的英文单词，并指出相对应数量的图片。

附：

Ten Little Fingers

One little, two little, three little fingers,
Four little, five little, six little fingers,
Seven little, eight little, nine little fingers,
Ten fingers on my hands.
Ten little, nine little, eight little fingers,
Seven little, six little, five little fingers,
Four little, three little, two little fingers,
One little on my hands.

《十只小手指》

一只、两只、三只小手指，
四只、五只、六只小手指，
七只、八只、九只小手指，
我的手有十只手指。
十只、九只、八只小手指，
七只、六只、五只小手指，
四只、三只、两只小手指，
我的手中还有一只小手指。

六、家园共育

请父母带幼儿去超市有意识地引导其练习数数，并对学习效果进行记录反馈。

七、训练

幼儿英语说课

幼儿英语说课是指幼儿园英语授课教师在10分钟左右内，以口头（现场说课展示）或书面（撰写说课讲稿）的形式，以课堂英语教学活动为背景，以教材中的单元或自己设计的教学内容为课题，以《幼儿园教育指导纲要》、现代教育理论与学前双语教学原则为指导，来探讨一节课组成部分（教学要素、方法、手段）的最佳排列与组合，并合理地规划教学程序，组织好一节英语活动。它要求教师明确教学目标，掌握和吃透活动内容的重点和难点，并根据活动内容把握好活动环节的节奏与衔接，采用正确的教学方法和教学手段，以期达到理想的教学效果。通俗地讲就是要说清教什么、怎么教、为什么这么教。

“说课”不仅要摆过程，还要讲道理。不仅要对整个教学活动的目标内容、途径方法、设计组织、教育环境创设、预期效果作出分析，还要分析幼儿的知识经验、学习兴趣、学习基础、学习态度、学习方法。不但要分析教法指导，还要分析学法指导。

说课的主要结构框架如下表：

大 / 中 / 小班英语“　　　　　　　　　　”说课稿

一、活动内容分析
《幼儿园教育指导纲要》中明确指出：   根据大 / 中 / 小班幼儿的年龄特点和我班幼儿的实际水平，将本次活动的目标定位为： （一）在情绪情感方面：   （二）在认知方面：   （三）在能力方面：
二、幼儿状况分析

三、活动程序设计

（一）突破重点：

（二）解决难点：

四、活动环境准备与创设

五、教法指导

六、学法指导

七、自我评价与反思

八、实战演练

请自选内容，写一篇说课稿，并进行现场说课。

“　　　　　　　　”说课稿

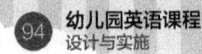

一、活动内容分析
二、幼儿状况分析
三、活动程序设计

四、活动环境准备与创设
五、教法指导
六、学法指导
七、自我评价与反思

九、拓展阅读

常见幼儿英语教学法（八）

任务教学法（task-based teaching method）

任务教学法兴起于 20 世纪 80 年代，是一种以“任务”为灵魂，以“学习者为中心”的教学方法。在实施任务教学法的过程中，主要通过学生的参与、体验、互助、交流合作等学习方式来完成课程的学习。任务教学法主要是倡导以学生为中心、以方法为导向、以能力为目标、以过程、互动、交流为重点，以合作为途径的方法。这种方法以任务来驱动，以教师为主导、学生为主线，使学生变被动学习为积极参与。在采用任务教学法进行幼儿英语教学时，教师通过设计课前任务、课中任务和课后任务，让幼儿实施小组学习和自主学习相结合的学习模式去完成教师布置的各项任务，在这个过程中，教师对幼儿的学习过程进行精心的指导和督促，教学的重点由教师的“教”转向到幼儿的“学”。教师指导幼儿在完成任务的过程中反复地使用相关的词汇、短语及句子，全面提高他们实际应用语言的能力。任务教学法有两个显著特点，第一，以任务为中心、以学习者为中心。在教学的过程中，教师和学生的活动围绕着既定的教学任务展开，在任务执行的过程中，给学生提供更多的机会和空间去认识和使用语言，使学生积极参与课堂活动，提升能力。第二，要从学生“学”的角度来设计教学活动。任务设置的目的在于解决某一实际问题，而这一问题是与学生的生活、学习经历和社会交际密切相关的，能够引起学生的共鸣和兴趣，激发学生积极参与的欲望。

主题 九

地点 · Places

一、主题背景

幼儿在生活和探索周围环境的过程中会反复到访某个地点或是听说、到访新的地点。他们对已知的地点滔滔不绝，同时也会对未知的地点充满好奇。本主题以生活中常见的地点为教学线索，引领幼儿了解这些地点的英语表达，了解不同地点在日常生活中的标识作用、功能和意义，培养幼儿的观察能力、表达能力以及记忆的准确性和思维的灵敏性。

二、主题目标

情感目标：比较迅速地对周围环境进行观察，促进幼儿的环境适应性。

认知目标：知道要仔细观察才能找到不同地点的位置。

能力目标：能掌握一定数量关于地点的词汇，能描述简单的位置关系。

三、主题主要教学内容

1. 地点的名称（如 kindergarten，park, bank, police station, supermarket, subway station,school, hotel, restaurant, hospital）。

2. 地点之间的关系（如 between, near, far away from, beside, right, left）。

四、环境创设

（一）主题墙饰

用幼儿收集到的建筑图片或绘画装饰活动室。

（二）活动区域环境创设

1. 建筑区投放各种拼插房子的建筑玩具，各种可以制作成房子的纸盒、木头、绳子、剪刀、胶水、透明胶等。

2. 开辟美工区，投放绘画用品，使幼儿可以绘制或设计建筑物。

3. 益智区投放房屋建筑过程的绘本或图片。

4. 图书区增设有关地点、建筑的英语字卡和图书以及绘本《三只小猪》。

五、活动举例

活动一

（一）活动目标

情感目标： 对周围的地点熟悉，能愉快地参加以熟悉的地点为内容的英语教学活动。

认知目标： 知道不同地点之间的位置关系。

能力目标： 能听懂、说出地点的英文名称，能看图片说出地点的英文名称。

（二）活动内容

活动重点： police station, kindergarten, park, supermarket, restrant, subway station, railway station 的英文名称。

活动难点： 听懂 police station, kindergarten, park, supermarket, restrant,subway station, railway station。

（三）活动准备

警察局、幼儿园、公园、超市、餐厅、地铁站、火车站等建筑物的图片。

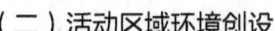

（四）活动过程

1. 教师利用多媒体设备播放警察局、幼儿园、公园、超市、餐厅、地铁站、火车站等地点的图片，一边播放一边示范发音。引导幼儿先听，然后跟读，模仿说出地点名称。

2. 教师将警察局、幼儿园、公园、超市、餐厅、地铁站、火车站等单词贴在白板上，并将这些地点的图片分发给幼儿。教师一一说出地点的单词，拿着这个地点图片的幼儿就将手中的图片贴到这个单词下，并大声地读单词。读对的幼儿给予奖励，错的返回座位。

3. 教师组织游戏“where do you go”。请一名幼儿站在圆圈中心，逐个出示不同地点的图片，口中有节奏地念：“Where do you go, Where do you go, Where do you go?”，其他幼儿根据他出示的图片有节奏地集体回答：“Police station, Police station, Police station.”然后继续问：“Where do you go, Where do you go, Where do you go?”回答：“Kindergarten, Kindergarten, Kindergarten.”等。当圆圈中的幼儿不再出示图片时，其他幼儿集体发问：“Where do you go, Where do you go, Where do you go?”圆圈中的幼儿可以任意说一个手中图片地点。其他幼儿听完回答后，以最快的速度两两抱在一起，圆圈中的幼儿说完后抓住离他最近的落单幼儿作为接替。

活动二

（一）活动目标

情感目标：对判断地点之间的位置关系有兴趣。

认知目标：知道简单地对方位进行判断。

能力目标：能用英语进行地点之间的简单位置描述。

（二）活动内容

活动重点：句型“It's between/beside...”的学习。

活动难点：进行简单指路的对话。

（三）活动准备

歌曲 *London Bridge* 音频、标注常见地点词汇的地图、常见地点的贴画 。

（四）活动过程

1. 教师组织热身活动，播放歌曲 *London Bridge*。

2. 教师在白板上贴一幅地图，不同地点标注有 supermarket、hospital、park、kinder-

garten、bank 等单词 。教师逐一念出单词，并使用句型“It's between/beside...”引导幼儿跟读模仿，反复练习。教师分发给幼儿地图中单词所表示的场所图片，鼓励幼儿来到白板前念出单词，使用“It's between/beside...”句型进行表达，并把手中图片贴到相应位置，正确完成的幼儿给予奖励。

3. 根据上一环节的地图，教师示范使用以下对话，并鼓励幼儿模仿。教师将幼儿分成两人一组，请幼儿试用对话帮助一位旅行者找到他要去的地方。

A: Excuse me. Is there a supermarket/hospital/park/kindergarten/bank nearby?

B: Yes. There a supermarket/hospital/park/kindergarten/bank between XX and XX（beside XX）.

A: Thank you very much.

B: You're welcome.

六、家园共育

请家长带孩子在住所附近多散步，了解住所附近环境，培养方位感。

七、训练

说课 PPT 的制作

说课 PPT 从结构上可以分为封面、目录页、过渡页、内容页和致谢（结束）页。按照说课的内容包括活动内容分析、幼儿状况分析、活动程序设计、活动环境准备与创设、教法指导、学法指导、自我评价与反思七部分。说课 PPT 要根据说课稿进行制作，要图文并茂，不要把 PPT 变成说课文字稿。

请根据上一主题实战训练中撰写的说课稿，制作说课 PPT。

八、实战演练

请结合制作好的说课 PPT 进行说课。

九、拓展阅读

常见幼儿英语教学法（九）

游戏教学法（game teaching method）

游戏教学法就是以游戏的形式教学，使学生在轻松欢快的氛围下活动，甚至在激烈的竞争中不知不觉地学习知识的教学方法。游戏教学法就是将“游戏”与“教学”两者巧妙地结合在一起，从而引起学生学习兴趣的教学方法。游戏教学法可以集中学生的注意力，使多数学生喜欢参与游戏，并且做游戏时都能集中注意力。如果教师抓住学生心情愉快、注意力集中、思维敏捷的时机把知识传授给他们，他们就会更容易接受、吸收。游戏教学法可以培养学生的智力，通过游戏，教师可以把学生吸引到活动中来，锻炼他们的观察、记忆、思维和想象等能力。游戏教学法还可以活跃课堂气氛，提高课堂教学效果，可以让学生产生轻松愉快的感觉，进而活跃课堂气氛。在这种氛围下学习，学生能够振奋精神，积极地转动脑筋，努力争取提问和回答问题的机会，在这种主动积极的状态下，其潜力就能得到充分发挥，能够获得高质量的学习效果。游戏教学法还可以帮助学生复习和巩固已学知识，提高学习能力，激发学生的竞争意识。

附录一 课堂常规用语

课前问候

Good morning!	早上好！
Good afternoon!	下午好！
Good morning, boys and girls!	男孩、女孩们，早上好！
Welcome to the kindergarten.	欢迎来幼儿园。
Welcome to our class.	欢迎来我们班。
Say bye-bye to your Mummy/Daddy.	和妈妈 / 爸爸说再见。
What's your name?	你叫什么名字？
My name is Marry.	我叫玛丽。
Hello, everyone!	大家好！
Is everyone here?	每个人都在吗？
When teacher calls your name, please stand up and say “here”。	当老师叫到你的名字，请站起来说“到”。
Do you remember your English name?	还记得你们的英语名字吗？
Is Mary here?	玛丽在吗？
Here.	在。
Who is not here?	谁没有到呢？
Yom is not here.	约姆没到。
Why do you late?	为什么迟到？
What's the matter?	发生了什么事情？
Come in, please.	请进。

课中

It's time for class	上课的时间到了。

Let's begin our class.	开始上课。
Let's start.	开始。
Shall we begin? Yes, let's begin.	我们开始吧？好，我们开始。
Please look at me.	请看我。
Let's have a break.	我们休息一下。
Let's have a rest.	我们休息一下。
Break time.	休息时间。
Time is up.	时间到。
Please repeat it after me.	请跟我重复。
Think it over.	再想一想。
Speak louder.	大点声。
Please stop talking.	请不要讲话。
Listen carefully.	注意听。
Please be quiet.	请安静。
Please keep quiet.	请保持安静。
Don't push others.	不要推其他人。
Please pay attention.	请注意。
Please don't make noise.	不要吵。
Return to your seat.	回到你的座位上去。
Anything else?	还有吗？
Let's count/read/dance/act.	让我们来数一数 / 读一读 / 跳个舞 / 做个动作。
Music，please.	请奏响音乐。
Let's play a game.	我们玩游戏吧。
Let's begin/start.	我们开始。
Are you ready?	准备好了吗？
One, two, three, go!	一、二、三，开始！
Who is the first one?	谁是第一名？
I'm the first one.	我是第一名。
Who is winner?	谁赢了？

We are the winners.	我们赢了。
Who wants to try?	谁愿意来试一试？
It's your turn.	轮到你了。
Please follow me.	请跟我学。
I will divide you into two teams.	我要把你们分成两组。
You are the cat team.	你们是小猫组。
You are the dog team.	你们是小狗组。
Don't feel bad, You will win next time.	别难过，你下次会赢的。
Hurry up!	赶快！
Take it easy!	慢慢来 / 放轻松！
Be careful!	小心！
Come on!	加油！
That's it!	就是这样！
Let's run.	我们一起跑。
Let's stop.	我们停。
Clap your hands.	拍手。
Raise your hands.	举手。
Please read after me.	请跟我读。
Open your books and turn to page...	打开书，翻到第……页。
All together, please.	请一起来。
Let's read a chant.	我们一起来念儿歌。
Can you read it?	你们会读吗？
Let's sing a song.	我们来唱首歌。
Let's sing a song with actions.	我们带着动作唱首歌。
Yes or no?	好不好？
Do you like it?	你们喜欢吗？
Let's listen to the music.	我们一起听音乐。

Come here.	来这。
Go there.	去那儿。
Stand up please.	站起来。
Sit down please.	坐下。
Hands up.	手举起来。
Hands down.	手放下去。
Put up your hand.	举起。
Put down your hand.	放下手。
Who can tell me?	谁能告诉我?
Who can answer my question?	谁能回答我的问题?
What else?	还有呢?
Do you understand?	明白了吗?
Please say in English.	请用英语说。
Line up.	排好队。
Good!	好!
Pretty good!	非常好!
Very good!	非常好!
Good job!	干得不错!
Good boy/girl!	好孩子!
Good idea!	好主意!
Excellent!	真棒!
Well done!	干得好!
Very nice!	非常好!
Nice try!	不错的尝试!
Nice job!	干得好!
Wonderful!	真棒!
Wonderful job!	干得真棒!
Beautiful!	漂亮!
Lovely!	真可爱!
Pretty!	真漂亮!

You look so lovely/pretty/nice today!	你今天看起来真可爱 / 漂亮 / 棒！
Not bad!	不错！
You can do it!	你能行！
Brilliant!	真精彩！
Brilliant job!	干得太精彩了！
Brilliant idea!	精彩的点子！
You are smart!	你真聪明！
Great!	太棒了！
You are great!	你太棒了！
It looks great!	看起来太棒了！
You are so cool!	你真酷！
I agree.	我同意。
I agree with you.	我同意你说的话。
Fantastic!	太棒了！

下课

That's all for today.	今天就到这儿。
We stop here.	我们到此结束。
Let's call it a day.	今天就到这儿。
Class is over.	下课。
Goodbye everyone.	大家再见。
See you next time.	下次见。
See you later.	回头见
Goodbye/Bye-bye.	再见。
Time is up.	时间到了。
Is that all?	结束了吗？
That's all for the activity.	活动结束。
Please say it one by one.	请一个一个地说。
Get your things done up.	把你的东西收拾好。

Get your clothes neat.	把衣服整理好。
Say good bye to me.	跟我说再见。
See you.	再见。
See you tomorrow.	明天见。
See you later.	回头见。
It's time for lunch	午饭的时间到了。

幼儿活动区域

construction area/performance area/book area/language area/discovery area/intelligence building area /music area/chess area/art area/number area.

建构区、表演区、图书区、语言区、科学区、益智区、音乐区、棋类区、美工区、计算区。

附录二　教育部 3~6 岁儿童学习与发展指南（语言领域）

语言是交流和思维的工具。幼儿期是语言发展，特别是口语发展的重要时期。幼儿语言的发展贯穿于各个领域，也对其它领域的学习与发展有着重要的影响：幼儿在运用语言进行交流的同时，也在发展着人际交往能力、理解他人和判断交往情境的能力、组织自己思想的能力。通过语言获取信息，幼儿的学习逐步超越个体的直接感知。

幼儿的语言能力是在交流和运用的过程中发展起来的。应为幼儿创设自由、宽松的语言交往环境，鼓励和支持幼儿与成人、同伴交流，让幼儿想说、敢说、喜欢说并能得到积极回应。为幼儿提供丰富、适宜的低幼读物，经常和幼儿一起看图书、讲故事，丰富其语言表达能力，培养阅读兴趣和良好的阅读习惯，进一步拓展学习经验。

幼儿的语言学习需要相应的社会经验支持，应通过多种活动扩展幼儿的生活经验，丰富语言的内容，增强理解和表达能力。应在生活情境和阅读活动中引导幼儿自然而然地产生对文字的兴趣，用机械记忆和强化训练的方式让幼儿过早识字不符合其学习特点和接受能力。

（一）倾听与表达

目标 1　认真听并能听懂常用语言

3~4 岁	4~5 岁	5~6 岁
1. 别人对自己说话时能注意听并做出回应 2. 能听懂日常会话	1. 在群体中能有意识地听与自己有关的信息 2. 能结合情境感受到不同语气、语调所表达的不同意思 3. 方言地区和少数民族幼儿能基本听懂普通话	1. 在集体中能注意听老师或其他人讲话 2. 听不懂或有疑问时能主动提问 3. 能结合情境理解一些表示因果、假设等相对复杂的句子

教育建议：

1. 多给幼儿提供倾听和交谈的机会。如：经常和幼儿一起谈论他感兴趣的话题，或一起看图书、讲故事。

2. 引导幼儿学会认真倾听。如：

- 成人要耐心倾听别人（包括幼儿）的讲话，等别人讲完再表达自己的观点。
- 与幼儿交谈时，要用幼儿能听得懂的语言。
- 对幼儿提要求和布置任务时要求他注意听，鼓励他主动提问。

3. 对幼儿讲话时，注意结合情境使用丰富的语言，以便于幼儿理解。如：

- 说话时注意语气、语调，让幼儿感受语气、语调的作用。如对幼儿的不合理要求以比较坚定的语气表示不同意；讲故事时，尽量把故事人物高兴、悲伤的心情用不同的语气、语调表现出来。
- 根据幼儿的理解水平有意识地使用一些反映因果、假设、条件等关系的句子。

目标 2　愿意讲话并能清楚地表达

3~4 岁	4~5 岁	5~6 岁
1. 愿意在熟悉的人面前说话，能大方地与人打招呼 2. 基本会说本民族或本地区的语言 3. 愿意表达自己的需要和想法，必要时能配以手势动作 4. 能口齿清楚地说儿歌、童谣或复述简短的故事	1. 愿意与他人交谈，喜欢谈论自己感兴趣的话题 2. 会说本民族或本地区的语言，基本会说普通话。少数民族聚居地区幼儿会用普通话进行日常会话 3. 能基本完整地讲述自己的所见所闻和经历的事情 4. 讲述比较连贯	1. 愿意与他人讨论问题，敢在众人面前说话 2. 会说本民族或本地区的语言和普通话，发音正确清晰少数民族聚居地区幼儿基本会说普通话 3. 能有序、连贯、清楚地讲述一件事情 4. 讲述时能使用常见的形容词、同义词等，语言比较生动

教育建议：

1. 为幼儿创造说话的机会并体验语言交往的乐趣。

- 每天有足够的时间与幼儿交谈。如谈论他感兴趣的话题，询问和听取他对自己事情的意见等。
- 尊重和接纳幼儿的说话方式，无论幼儿的表达水平如何，都应认真地倾听并给予积极的回应。
- 鼓励和支持幼儿与同伴一起玩耍、交谈，相互讲述见闻、趣事或看过的图书、动画片等。
- 方言和少数民族地区应积极为幼儿创设用普通话交流的语言环境。

2. 引导幼儿清楚地表达。如：

- 和幼儿讲话时，成人自身的语言要清楚、简洁。

● 当幼儿因为急于表达而说不清楚的时候，提醒他不要着急，慢慢说；同时要耐心倾听，给予必要的补充，帮助他理清思路并清晰地说出来。

目标 3 具有文明的语言习惯

3~4 岁	4~5 岁	5~6 岁
1. 与别人讲话时知道眼睛要看着对方 2. 说话自然，声音大小适中 3. 能在成人的提醒下使用恰当的礼貌用语	1. 别人对自己讲话时能回应 2. 能根据场合调节自己说话声音的大小 3. 能主动使用礼貌用语，不说脏话、粗话	1. 别人讲话时能积极主动地回应 2. 能根据谈话对象和需要，调整说话的语气 3. 懂得按次序轮流讲话，不随意打断别人 4. 能依据所处情境使用恰当的语言。如在别人难过时会用恰当的语言表示安慰

教育建议：

1. 成人注意语言文明，为幼儿做出表率。如：

● 与他人交谈时，认真倾听，使用礼貌用语。

● 在公共场合不大声说话，不说脏话、粗话。

● 幼儿表达意见时，成人可蹲下来，眼睛平视幼儿，耐心听他把话说完。

2. 帮助幼儿养成良好的语言行为习惯。如：

● 结合情境提醒幼儿一些必要的交流礼节。如对长辈说话要有礼貌，客人来访时要打招呼，得到帮助时要说谢谢等。

● 提醒幼儿遵守集体生活的语言规则，如轮流发言，不随意打断别人讲话等。

● 提醒幼儿注意公共场所的语言文明，如不大声喧哗。

（二）阅读与书写准备

目标 1 喜欢听故事，看图书

3~4 岁	4~5 岁	5~6 岁
1. 主动要求成人讲故事、读图书 2. 喜欢跟读韵律感强的儿歌、童谣 3. 爱护图书，不乱撕、乱扔	1. 反复看自己喜欢的图书 2. 喜欢把听过的故事或看过的图书讲给别人听 3. 对生活中常见的标识、符号感兴趣，知道它们表示一定的意义	1. 专注地阅读图书 2. 喜欢与他人一起谈论图书和故事的有关内容 3. 对图书和生活情境中的文字符号感兴趣，知道文字表示一定的意义

教育建议：

1. 为幼儿提供良好的阅读环境和条件。如：

● 提供一定数量、符合幼儿年龄特点、富有童趣的图画书。

● 提供相对安静的地方，尽量减少干扰，保证幼儿自主阅读。

2. 激发幼儿的阅读兴趣，培养阅读习惯。如：

● 经常抽时间与幼儿一起看图书、讲故事。

● 提供童谣、故事和诗歌等不同体裁的儿童文学作品，让幼儿自主选择和阅读。

● 当幼儿遇到感兴趣的事物或问题时，和他一起查阅图书资料，让他感受图书的作用，体会通过阅读获取信息的乐趣。

3. 引导幼儿体会标识、文字符号的用途。如：

● 向幼儿介绍医院、公用电话等生活中的常见标识，让他知道标识可以代表具体事物。

● 结合生活实际，帮助幼儿体会文字的用途。如买来新玩具时，把说明书上的文字念给幼儿听，了解玩具的玩法。

目标 2 具有初步的阅读理解能力

3~4 岁	4~5 岁	5~6 岁
1. 能听懂短小的儿歌或故事 2. 会看画面，能根据画面说出图中有什么、发生了什么事等 3. 能理解图书上的文字是和画面对应的，是用来表达画面意义的	1. 能大体讲出所听故事的主要内容 2. 能根据连续画面提供的信息，大致说出故事的情节 3. 能随着作品的展开产生喜悦、担忧等相应的情绪反应，体会作品所表达的情绪情感	1. 能说出所阅读的幼儿文学作品的主要内容 2. 能根据故事的部分情节或图书画面的线索猜想故事情节的发展，或续编、创编故事 3. 对看过的图书、听过的故事能说出自己的看法 4. 能初步感受文学语言的美

教育建议：

1. 经常和幼儿一起阅读，引导他以自己的经验为基础理解图书的内容。如：

引导幼儿仔细观察画面，结合画面讨论故事内容，学习建立画面与故事内容的联系。

● 和幼儿一起讨论或回忆书中的故事情节，引导他有条理地说出故事的大致内容。

● 在给幼儿读书或讲故事时，可先不告诉名字，让幼儿听完后自己命名，并说出这样命名的理由。

● 鼓励幼儿自主阅读，并与他人讨论自己在阅读中的发现、体会和想法。

2. 在阅读中发展幼儿的想象和创造能力。如：

● 鼓励幼儿依据画面线索讲述故事，大胆推测、想象故事情节的发展，改编故事部分情节或续编故事结尾。

● 鼓励幼儿用故事表演、绘画等不同的方式表达自己对图书和故事的理解。

● 鼓励和支持幼儿自编故事，并为自编的故事配上图画，制成图画书。

3. 引导幼儿感受文学作品的美。如：

● 有意识地引导幼儿欣赏或模仿文学作品的语言节奏和韵律。

● 给幼儿读书时，通过表情、动作和抑扬顿挫的声音传达书中的情绪情感，让幼儿体会作品的感染力和表现力。

目标 3　具有书面表达的愿望和初步技能

3~4 岁	4~5 岁	5~6 岁
1. 喜欢用涂涂画画表达一定的意思	1. 愿意用图画和符号表达自己的愿望和想法 2. 在成人提醒下，写写画画时姿势正确	1. 愿意用图画和符号表现事物或故事 2. 会正确书写自己的名字 3. 写画时姿势正确

教育建议：

1. 让幼儿在写写画画的过程中体验文字符号的功能，培养书写兴趣。如：

● 准备供幼儿随时取放的纸、笔等材料，也可利用沙地、树枝等自然材料，满足幼儿自由涂画的需要。

● 鼓励幼儿将自己感兴趣的事情或故事画下来并讲给别人听，让幼儿体会写写画画的方式可以表达自己的想法和情感。

● 把幼儿讲过的事情用文字记录下来，并念给他听，使幼儿知道说的话可以用文字记录下来，从中体会文字的用途。

2. 在绘画和游戏中做必要的书写准备，如：

● 通过把虚线画出的图形轮廓连成实线等游戏，促进手眼协调，同时帮助幼儿学习由上至下、由左至右的运笔技能。

● 鼓励幼儿学习书写自己的名字。

● 提醒幼儿写画时保持正确姿势。

附录三　幼儿英语主题常用词汇表

分类一　颜色　Colors

black	黑色	orange	橙色
blue	蓝色	pink	粉红色
light blue	浅蓝色	purple	紫色
dark blue	深蓝色	red	红色
brown	棕色	rose	粉红色
green	绿色	white	白色
gold	金色	yellow	黄色
grey	灰色		

分类二　食物 / 水果 / 蔬菜　Food/ Fruits/Vegetables

food	食物	meat	肉
rice	米饭	chicken	鸡肉
bread	面包	pork	猪肉
beef	牛肉	mutton	羊肉
milk	牛奶	salad	沙拉
water	水	soup	汤
egg	蛋	ice	冰
fish	鱼	ice cream	冰激凌
cake	蛋糕	coke	可乐
hot dog	热狗	juice	果汁
hamburger	汉堡包	tea	茶
French fries	炸薯条	coffee	咖啡
cookie	小饼干	breakfast	早餐
biscuit	饼干	lunch	午餐
jam	果酱	dinner/ supper	晚餐
noodles	面条	meal	一餐饭

candy	糖果	mango	芒果
pizza	比萨	papaya	木瓜
fruit	水果	pineapple	凤梨、菠萝
apple	苹果	vegetable	蔬菜
banana	香蕉	radish	萝卜
pear	梨	potato	马铃薯、土豆
orange	橙子	carrot	胡萝卜
watermelon	西瓜	onion	洋葱
grape	葡萄	cucumber	黄瓜
peach	桃	cabbage	卷心菜
strawberry	草莓	peas	豌豆
cherry	樱桃	chili	辣椒
chestnut	栗子	corn	玉米
coconut	椰子	mushroom	蘑菇
honeydew	蜜瓜	eggplant	茄子
kiwi	猕猴桃	tomato	西红柿
lemon	柠檬	garlic	大蒜
litchi	荔枝	broccoli	西兰花
longan	龙眼	lettuce	生菜

分类三 身体部位 Body

face	脸	cheek	脸颊
chin	下巴	body	身体
ear	耳朵	arm	手臂
eye	眼睛	back	背
hair	头发	elbow	手肘
nose	鼻子	finger	手指
mouth	嘴巴	foot	脚
tongue	舌头	hand	手
tooth	牙齿	head	头
eyebrow	眉毛	knee	膝盖

leg	腿	thumb	大拇指
neck	脖子	toe	脚趾
shoulder	肩膀		

分类四 地点 Places

kindergarten	幼儿园	department store	百货商店
school	学校	amusement park	游乐场
hospital	医院	police station	警察局
bank	银行	zoo	动物园
barbershop	理发店	bathroom	浴室
bridge	桥	bedroom	卧室
park	公园	living room	客厅
railway station	火车站	toilet	洗手间、厕所
bus stop	公共汽车站		

分类五 节日 Festivals

Spring Festival	春节	Children's Day	儿童节
New Year's Day	元旦	Teacher's Day	教师节
National Day	国庆节	Christmas	圣诞节
Lantern Festival	元宵节	Thanksgiving	感恩节
Ching Ming Festival	清明节	Easter	复活节
Mid-Autumn Festival	中秋节	Halloween	万圣节
Dragon Boat Festival	端午节		

分类六 动物 Animals

ant	蚂蚁	deer	鹿
bear	熊	dog	狗
bird	鸟	duck	鸭
cat	猫	eagle	鹰
cow	奶牛	elephant	大象
crab	螃蟹	fish	鱼

fox	狐狸	pig	猪
frog	青蛙	rabbit	兔
giraffe	长颈鹿	snake	蛇
goose	鹅	shark	鲨鱼
hen	母鸡	sheep	绵羊
horse	马	shell	贝壳
kangaroo	袋鼠	snail	蜗牛
ladybug	瓢虫	spider	蜘蛛
lamb	小羊	squirrel	松鼠
lion	狮子	tiger	老虎
lobster	龙虾	tortoise	乌龟
monkey	猴子	turkey	火鸡
mouse	老鼠	whale	鲸鱼
panda	熊猫	zebra	斑马
parrot	鹦鹉		

分类七 数字 Number

one	一	fifteen	十五
two	二	sixteen	十六
three	三	seventeen	十七
four	四	eighteen	十八
five	五	nineteen	十九
six	六	twenty	二十
seven	七	thirty	三十
eight	八	forty	四十
nine	九	fifty	五十
ten	十	sixty	六十
eleven	十一	seventy	七十
twelve	十二	eighty	八十
thirteen	十三	ninety	九十
fourteen	十四		

分类八 家庭 / 称呼 Family

baby	婴儿
kid	小孩
child	孩子（复数 children）
boy	男孩
girl	女孩
son	儿子
daughter	女儿
parents	父母
father	父亲
dad	爸爸
mother	母亲
mom	妈妈
sister	姐妹
brother	兄弟
grandparents	祖父母
grandpa/ grandfather	爷爷、姥爷、外公
grandma/ grandmother	奶奶、姥姥、外婆
uncle	叔叔、伯父、舅舅
aunt	姑姑、姨（妈）
cousin	堂（表）兄弟、堂（表）姐妹